愛でメシが食えるかって？

愛でこそ食えるんだよ

人生を幸せに導く次元を超える経済学

金城幸政

廣済堂出版

この本を手に取ったあなたに質問しよう。

安心無事に生きるために、お金がほしいのか？
人生を楽しむために、お金がほしいのか？

あなたが前者なら、
本書をいくら読んでも、今までとまったくかわり映えしない
毎日が待っているだけ。

あなたが後者なら、
次元を超えた豊かさを手にすることができるだろう。

この違いはなぜって？

それは生きる目的が違うから。
生きる目的が前者なら「真理」は聴こえないのだ。

僕はこの本で「真理」を言っている。

「真理」とは、
解釈次第でかわるものではない「事実」であり「法則」のこと。
「キリンの首は長い」
ということと同様に、歴然たる事実のことだ。

その真理が聴こえるのは、後者。
彼らは本書によって、お金に「使われる側」ではなく、
お金を「使う側」になって、
豊かさの極みを享受することになるだろう。
それは、地球の物さしから解放された、
今まで見たことのない世界のはずだ。

残念ながら前者だった人。
気を落とすのはまだ早い。
「老後まで安泰に生きられたら十分！」などと保守的に生きていた
〝しょうもない自分〟を認めて読み進めるならば、
この本で生まれかわれるだろう。

AIの目覚ましい進歩、仮想通貨の流通など、
まさに今、世の中の仕組みが変わりつつある。
そしてこの数年で、世界の価値観が一変するのは間違いない。
時代の変動に取り残されるのか、

はたまた、新たな価値観を手にして人生を謳歌するのか。
どちらを選ぶのもあなた次第。

さあ、本書を読む覚悟はできただろうか？
次元を超えた豊かさを手にする世界へ、出発しよう！

プロローグ

愛って何？　お金って何？

「愛でメシが食えるかって？　愛でこそ食えるんだよ」

これは、僕が企業の社員や経営者に向けて開催する講演会で、必ず伝える言葉です。するとたいていは、「はあ～？　愛だけで稼げたら苦労しないよ！」「理想と現実は違うんだよ！」といった顔をされます。

でも、愛を知っている人なら「愛でこそ食える」ということがわかります。

なぜなら、お金は愛だから。

「お金＝愛」。

これは、この本を通してあなたに手渡したい結論です。

お金と愛。これはどちらも人生にとってすごく大切なものなのに、私たちはそれが何かを誰にも教えてもらうことなく生きています。僕はその根源的な問いを、この本で明らかにしていきます。

今はまだ、「お金＝愛」と言われてもピンときていない人も、この本を読み終える頃には、お金は愛の結晶であることを実感できるようになっているはずです。

さて本題に入る前に、真理を話す金城幸政っていったい何者？　と疑問に思った人もいるでしょう。そこで、少し僕の話をすることにします。

僕は、生まれる前の記憶を持っています。多くの人が思い出せる記憶は3歳頃までのものでしょう。

でも、僕が持ついちばん古い記憶は、宇宙で地球の〝データ〟を見ているところ。モニターに映る地球のデータによると、地球の年齢は79億歳。まだまだこれからの若い星（天文学上では、地球は約46億年前に誕生したといわれているけどね）。

地球を変革しようということになり、僕は地球全体の文化圏のデータや、地球でのおおまかなルールや仕組みなどを学んでいたのです。

さて、僕が地球のどこで生きようかと考えていたとき、突然、1人の女性が正座してお祈りをしているシーンが現れました。

その女性こそが、僕のおふくろ。

女性は「長男が授かるなら、何でもします」と必死に祈っていました（ほかにも細かいことをいろいろ言ってたなぁ）。

この女性がそこまで長男を切望、渇望しているんだったら「この女の希望に乗った！」ということで、僕はこの女性のもとに生まれようと、沖縄で生を受けました。

いざ生まれてみたら、地球ってすごく不便。ただ思っているだけでは、何も伝わりません。僕が生まれる前にいた星は、何も使わなくてもほかの星と通信することができたし、ましてや目の前の人と通信なんてしません。

だって、お互いが「わかっている状態」で存在しているから。

そしてその星では、人が存在している理由は「何を創造するか？」ということでした。

これはなかなか地球人には理解できないでしょう。なぜなら、地球人は「生きる」ことに必死だから。

でも、宇宙では、「生きることを目的にする」なんてことは、あり得ません。

僕だけではなく、赤ちゃんはみんな、こういうことを理解して地球に生まれてきているんです。

生後6カ月くらいのある日、床に広げられたタオルケットの上で寝ていると、アニメの『ドラゴンボール』に登場するスカウター(片目だけのメガネに似た形状の小型レーダーで、相手の戦闘能力が表示される装置)に情報が入るように、ピコンピコンと通信が送られてきました。

「何の通信だろう?」と思っていると、「トレーニングの時間です。寝返りのトレーニングです。準備しなさい」という指令。僕はその指令通り、「えいっ、えいっ!」と寝返りのトレーニングを開始しました。

これを地球では〝本能〟と言うけれど、僕みたいに宇宙の意識を持っている人からすると、「そろそろ筋トレの時間だよ〜」「フィットネスの時間だよ〜」と言われている感覚です。

こんなふうに寝返りのトレーニングもしましたが、面白いのは地球では「利《き》き足」というのがあって、利き足を使って寝返るのは簡単でも、逆に寝返るのは難しいってこと。僕は左利きなので、右に寝返るのは簡単なのに、左へはなかなかできません。だから、おふくろが右側に寝ると邪魔で寝返りができなくなり、そんなときはわざと泣いたりしていました。

この〝寝返り作戦〟のとき、はじめて「インスピレーション」というものを経験しました。

それは、「暗闇を呪うより、ろうそくに火を灯《とも》せ」というもの。

暗い、暗いって嘆くよりも、明かりをつければ明るくなるでしょ、という格言です。

僕はそれまで「寝返りしにくいから、母ちゃんが左に寝ればいいのに～」って、おふくろのせいにして泣いていたのですが、僕がどちらにも寝返りできるようになればいいわけです。そうすれば、「母ちゃんはどこに寝てもいいよ～」って思えるようになることに気づきました。

「あっ、自分の問題か！」

と、自分にベクトルを向ければいいことに気づいたのです。

ここまで読んでわかるように、僕はみんなと同じ肉体を持ってはいるけれど、ちょっと特殊な人間です（笑）。

自分で言うのもなんですが、僕は地球のレスキュー隊の隊長として、この地球に生まれてきました。

フランチャイズ店で売り上げの悪い店に腕利きの店長が派遣されるように、ある日、宇宙を旅して遊んでいた僕に「ちょっと地球の調子が悪くて……」と連絡が入り、〝立て直し屋〟として地球に派遣されたというわけです。

いきなり怪しい話……と引き気味の人もいるかもしれませんが（笑）、本当はみんなも地球以外の星からきています。

僕と同じように、地球のレスキュー隊として生まれてきた人もいます。自分では気づかないけれど、胸にちゃんと「レスキュー隊バッジ」が光っています。

僕にはそのバッジが見えるから、「あ、この人も一緒に地球を立て直す仲間なんだ」ってわかります。

地球上のほとんどの人は、マジで自分のことを地球人だと思っています。それもそのはず、宇宙での記憶をなくさないと、地球で暮らしていくことはできないから。つまり、自分で自分に「私は地球人」と思い込ませているのです。

でも記憶を持ち続けている僕は、自分のことを地球人と思ったことは一度もありません。不安になったり、落ち込んだりというアイデアを持つことができないのです。

子どもの頃から真理を生きていた僕にとって、唯一話せる相手は神様でした。

神様はときに親友であり、喧嘩する相手でもあり……。僕が真理の真髄《しんずい》を理解しているのかをチェックするために、わざと喧嘩をふっかけてくることもあります。

子どものとき、神様とこんな言い争いになったことがありました。

「お前は親の言うことも、学校の先生の言うことも、神様の言うことも聞かない。だったらもう地獄に落とすしかないな」

「僕を地獄に落としてもいいんですか？　地獄が明るくなってしまいますよ？」

「……い、いや、ダメだ。じゃあ、お前を宇宙の果てに追放する!!」

「追放してもいいですけど、宇宙の果てには愛はないんですか？　果てに行ったら、愛の濃度が薄くなる、なんてことがあるんですか？　悪魔とて、その心臓を動かしているのは愛のエネルギーであり、神様の分身ですよね。どこまで行っても偉大な愛に包まれているのに、宇宙の果てに僕を追放すれば、僕は愛を感じずにいられるんですか？」

「……そ、そこまでバレてるなら、お前には脅しがきかないな～」

こんな会話を数え切れないほど神様と繰り返してきました。


そんな僕も4歳の頃、「なんてところにきてしまったんだ～！」と本気で宇宙に帰りたくなったことがありました。感情にまみれ、戦い、奪い合い、生きることに必死になっている地球人を見て、さすがにつらくなったのです。

すると神様が出てきて、こう言いました。

「大丈夫、大丈夫。なるようにしかならんから。光が闇にやられるなんて思ったことは、一度もないよ」

神様にそう言われたことで、なんとも言えない安心感が広がりました。

それから社会人になるまでの間は、誰にもわかってもらえない孤独に苦しみながらも、とことん宇宙の仕組み、地球の仕組み、人間の仕組みを理解することに努めたのです。

宇宙は「愛の法則」で回っている

その後、社会人になりいくつかの会社に勤めたり、美容師をしたりしながら、さまざまな業界・業種を見てきました。20代からの15年ほどは、人間の基本である農業を手がけながら、いくつもの企業の顧問やコンサルティングなどにも携わりました。

すると、すべてに共通している「あること」に気づきました。

それは、**どんなにいい商品をつくっても、それをよくするのもダメにするのも人であるということ。**

売り方、宣伝、商売のテクニックなどはいっさい関係なく、いい人間が扱えば商品も会社も発展し、悪い人間が扱えば商品も会社も悪くなっていくということです。

人間次第で、よくも悪くもなる。それをわかりやすく象徴しているのが、お酒です。

お酒は、荒れた心の人が飲めば暴言を吐いたり、暴れたりとよくないほうに作用し、陽気な人が飲めばとにかく楽しくなるほうに作用するように、人がお酒をよくも悪くもします。

つまり、お酒というのはいいものでも悪いものでもない、ニュートラルなもの。神様もそれと同じで、平等なエネルギーです。だから、酒の性質に真理を学べ、ということで神棚に酒を供えるのです。

これと同様に、**お金もニュートラルなエネルギーです。**いいも悪いもありません。単に価値を示す目盛の役割を果たしているものです。

では、どんな価値に基づいているのかというと、「愛」です。

愛とは上下関係も善悪もなく、平等でつながり合っているものです。愛されたことも、愛したこともないと感じている人でさえ、すべての人が愛のなかに生きています。

私たちの命も愛そのもの。命はつながり合っているからこそ、自分を尊いものとして生きることで、相手も尊いものとして尊重できるのです。

宇宙には愛を中心として回る「愛の法則」があります。

愛に反して生きれば人生は貧しくなり、トラブルが増えて、病気や事件、事故に見舞われます。

愛に沿って生きれば人生は幸せで豊かになり、笑顔にあふれた輝くものになると決まっています。

このように、「愛の法則」はとってもシンプルです。

すべてのものが例外なくこの「愛の法則」のもとに存在しているので、愛に生きる人がお金を持てば、いい社会になるようにお金は循環し、愛からかけ離れた欲張りな人や自己中心的な人がお金を持てば、お金は持っている力を発揮できず、騙《だま》し取られたり、罪悪感からムダ使いをするなど、陰気な働きをするのです。

愛ある状態でお金を使うと、お金は高い機能性を発揮し、人を豊かにするための便利なアイテムになりますが、愛がない状態でお金を使うと、お金は人を苦しめ、不幸にするものにかわります。

お金に罪はありません。

お金にどんなイメージを与えるのかは、人間次第です。お金が機能性を発揮できず終わってしまうのは、使う人の人間性にかかっているのです。

本当に豊かになりたい、お金をたくさん得て社会を幸せにしたい……そんな思いで読めば、この本はあなたの人生に素晴らしい影響を与える一冊になるでしょう。

愛がわかると、お金だけでなく、恋愛も、人間関係も、仕事も、すべてがうまく回りはじめます。

すべてがありがたいと感じる世界では、お金と闘う必要もなければ、「誰か」や「何か」と闘う必要もなくなるからです。心の平穏が訪れて、すべてが軽快なエネルギーで回りはじめます。

僕は、この本を読んだ人たちに、大切なお金を扱う社会のリーダーになってほしい、そんな気持ちでこの本を書きました。

ぜひ、心に響く箇所に何度も線を引きながら読み返してください。

読むたびに、新しい発見があるはずです。

愛でメシが食えるかって？　愛でこそ食えるんだよ＊目次

第2章 貧乏人は「貧しさ」を、お金持ちは「自分」を感じている

「不感症」でいる限り、豊かさは得られない

第3章
世の中の仕組みに巻き込まれるな
愛に基づく経済に目覚めたら、次元を超えた豊かさが得られる

第4章　真のお金持ちは、お金を生み出す

尊いものを生み出す——それが新しい価値観

第1章

お金のことを、どう思っている？

お金に対するイメージが、自分の現実をつくっている

お金はそもそも、支払う側も受け取る側もWIN-WINになるアイテム

「経済」という言葉は、「経国済民」「経世済民」を略したものです。国（世）をおさめ、民を救済する、それが「経済」の本来の目的で、「救済」とは一人ひとりに自分の足で生きる力をつけさせることでした。

ところが、英語の「エコノミー」の訳として使われるようになってから、「生産活動」を意味するようになり、お金を持たない者は困窮するという意味を含むようになりました。

その結果、現代はお金を使うのではなく、お金に使われている、そんな状態ではないでしょうか？

そもそもお金とは、物に対してどれくらいの価値があるのか、その指数を示すものです。

では、お金を支払って物を得るのはどんなときかというと、物の値段よりもその物に価値があると思ったときです。

たとえば、1000円のお皿が売っているとします。そのお皿を見て1000円の価値もないと思えば買いませんが、1000円以上の価値があると思えば、1000円を支払ってお皿を手に入れたいと思います。

つまり、お金よりも物のほうに価値があると思っているから買うのです。

お金というものは、その値段よりも価値があると思うものに支払われるのですから、お金を使うと豊かさを感じる、これが正しい使い方です。

もちろん、売ったほうも1000円を手に入れて豊かになります。

こんなふうに、お金とは、支払う側も受け取る側も豊かになる、そんなWIN－WINのアイテムなのです。

お金を奪い合っている人には、お金を持つ資格は与えられない

大半の人はお金を支払うときに「あ〜、お金が出ていってしまった……」「またお金が

なくなった」と寂しい気持ちになります。そして、またなんとかして少しでも多くのお金を手に入れようと必死になります。

それは、お金とは奪い合うものであると思っているからです。

お金の量が、自分の豊かさや貧しさ、そして幸せを決定づけていると思っているのです。

このように、お金の本質を誤解している間は、「お金を使う資格」がないということで、神様はあまり大金を持たせてくれません。持ってもすぐになくしたり、持った分だけ借金を抱えるようになっているのです。

人が愛の感性を持つようになると、お金は優しいものにかわります。人間を包んで人間を生かし、人間を守るものになります。

でも、愛からかけ離れた弱肉強食の生存競争のなかで生きていると、お金は奪い合うものとなり、得たときは喜べても、使うときは苦しみにかわっていくのです。

使うときも得るときも、喜びしかない。それが愛の感性であり、お金の本質です。

豊かさの意味を履き違えている限り、どんなにお金があっても貧しさを味わう

みんなが憧れるお金持ちとは、好きな物を何でも買えて、どこへでも旅行できるほどのお金を持っている人のことでしょう。

実は、世界の経済レベルは大雑把に分けると、「上・中・下」の3層からなっています。

みんながイメージするセレブといわれるお金持ちは、「中間層」に位置する人たちです。「下層」にいるのが家のローンや子どもの教育費に追われている一般人。

そして「上層」に君臨しているのが、働かなくても資産だけで生きていける本当のお金持ちです。

「上層」の人たちは、もはやお金は必要ありません。資産を所有しているだけであふれるほどのお金が自動的に入ってくるので、経済活動に参加しなくてもいいのです。

そのような人は、お金のことを考えたことも心配したこともないので、お金は存在しないのと同じ。「ほしければ、買えば？」としか思わない。

お金がない人は、「お金があれば買えるのに……」と考えるけれど、**ありあまるほどのお金がある人はお金に興味がないので、お金はあっても「ない」ことと同じなのです。**

この世には、お金に興味が持てないほど、お金を持て余している人たちがたくさんいる。それが現実です。

ということは、お金を獲得するために必死になっているのは、「中間層」と「下層」のみということになります。

「どうすればお金を消費できるか？」と悩む生活は、本当に幸せか？

では、お金のことを考える必要がないほど、お金を持っていたら幸せでしょうか？

テレビで報道されていたので記憶にある人も多いと思いますが、2017年3月にサウジアラビアの国王が来日したとき、国王につきそう随行団は1000人以上、ハイヤーを約500台以上用意し、高級ホテル1000室以上を予約しました。そして都心に向かうために、レインボーブリッジを封鎖するという、桁《けた》違いの金遣《づか》いをしていました。

彼らは旅先で部屋を借りるくらいなら、その部屋を買って自分好みの内装にしてしまうほどです。たとえそれが一生に2、3回も行かない場所であってもです。

また、砂漠の地下に広い倉庫をつくり、そこに乗りもしないロールスロイスやベンツ、フェラーリなど100台以上を展示場のように並べる、という趣味を持っている人もいます。

やろうと思えば、ニューヨークのウォール街を丸ごと買い取ることだってできるのです。

それくらいのレベルのお金持ちにとっては、お金を稼ぐなんてどうでもいいこと。いかにしてお金を使うかに頭を悩ませているのです。これが本当に幸せといえるでしょうか?

一方、ハリウッドの人気俳優キアヌ・リーブス氏は、莫大《ばくだい》なギャラを手にしながら、そのほとんどを慈善事業に寄付し、自分は質素な生活をしていることで有名です。

なぜそんな暮らしをしているのかと問われた彼は、自分にとってお金はもっとも気にしないもので、十分稼いだのだから、必要とする人に差し上げたほうがいいということを語ったそうです。

あまり報道されていませんが、日本にも同じような考えの人はいます。
コメディアンの萩本欽一さんは、『24時間テレビ　愛は地球を救う』の初代司会者を務める際に、製作陣に「ギャラが安い」とギャラを上げさせて、司会を承諾しました。しかしそのギャラは受け取らず、全部チャリティーに寄付したそうです。

使い道に悩むほどのお金を持っている世界中のお金持ちが、環境保護や飢餓で苦しんでいる子どもたちなどにそのお金を回せば、地球上の格差は今すぐにでも埋まります。

そうしないのは、彼らは贅《ぜい》を尽くすステイタスの高い生き方こそが、幸せだと思っているからです。

でも結局、自分すらも満足させることができず、「この世はお金がいちばんだ」「自分を満たしてくれるのはお金だけ」と思っているのです。

お金を有効に活用するかどうかは、人間性次第ということ。

幸せや豊かさの意味を履き違えている限り、どれだけお金が手に入っても心は貧しいままなのです。

自分に対するイメージが、豊かさと貧しさの明暗を分ける

あなたは物を買うとき、値札を見て「買える」「買えない」を判断しますか？

それとも、本当にほしい物なら、値段に関係なく買いますか？

前者を選んだ人は貧乏人、後者を選んだ人は豊かな人です。

ここでいう貧乏人とは、お金のない人のことではありません。先ほども話したように、「世の中、信用できるものはお金だけ」と思っているような心が貧しい人のことです。

たとえば、ブティックに洋服を買いに行ったところ、1万円～10万円の商品がランダムに並んでいたとします。豊かな人は自分にそれが相応《ふさわ》しいと思えば、値札を見ずに10万円の商品を買います。

一方、貧乏人は値札を見て「1万円か。これくらいなら買えそうだな」「10万円！　これは無理だ」と、自《みずか》ら10万円の商品を消去して、1万円の商品だけを見ています。

貧乏人は10万円の商品は自分には関係ないと思っているので、最初からはじいているのです。

世の中には「高い物」と「安い物」が存在していると思っている。これが貧乏人に共通する「貧乏性」です。

貧乏性の人は、いくらお金があっても「お金がない」と思っているので、貯金が5億あっても10億あっても、「これじゃ足りない」と不安を抱きます。

このように、常にお金のことを心配している人は、お金に問題があるように見えて、実は心に問題があります。

自分に対するイメージが貧しいのです。

「自分はこれくらいで十分だ」「これ以上は分不相応」と自分に対するイメージが貧しいので、貧乏がいい、貧乏でいるほうが居心地がいいと思ってしまうのです。だから安い物を買うほうが落ち着くのです。

お金持ちになりたいと頭では思っていても、心の奥底ではそう思っていないことに、貧乏人は気づいていないのです。

「高い」「安い」の物さしから「高価」「低価」の物さしへ

豊かな人は「高い」「安い」ではなく、「高価なもの」と「低価なもの」、つまり「価値の高い」ものと「価値の低い」ものがあることを知っています。

たとえば、乗用車のアルトは、新車でも100万円以下で買える車です。一方、ベンツやレクサスを買おうとすると800万、1000万円クラスの値段になります。

これを見て「なんでこのベンツは1000万円もするんだ！　アルトは100万円で売っているのに！」と怒る人はいませんよね。

どちらがいい悪いではなく、アルトは一般家庭の人にも買えるというコンセプトでつくられた車であり、ベンツは高級車としてのコンセプトでつくられた車です。

つまり、比べる問題ではなく、高価と低価が存在しているだけです。

なぜ、豊かな人は高価と低価という視点で見ることができるのかというと、自分に対するイメージが豊かだからです。

高価な物をなぜたやすく買えるのかというと、お金があるなしにかかわらず、高価な物を持つに値する生き方をしていると自覚しているからです。

これこそが、自愛です。

自愛とは、自分に丁寧に生きよう、自分の本音で生きよう、自分に尊い経験を与えよう、自分を幸せにしよう、というふうに自分に対して愛を持つことです。

自愛の対極にあるのは、波風立てずにうまくやり過ごせばいいと自分をごまかしたり、損得勘定で物ごとを考え、自分だけが得をすればいいというような利己的な生き方です。

自愛がある人は、尊い自分にふさわしい物を買いたい、愛おしい物を手にして、愛おしい物に囲まれたいと思います。

自愛を持って高価な物に投資できる生き方をしている人は、お金も回るようになるのです。

僕はたくさんお金を儲けて、たくさん豊かになって、みんなが心から幸せを感じられるような贅沢を味わうべきだと思います。

でもそれは、ブランド品で身を固めたり、高級レストランでワインを飲むような贅沢ではありません。本当にクオリティの高い物を経験するために、お金を使うという意味です。

愛の質量が大きいほど、お金の循環もよくなる

僕には長年愛用している時計がありますが、それを使い続けている理由は、「永遠のおつき合い」という理念のもとにつくられた物だからです。僕は物には愛着を持って、できることなら一生大事にしたいという思いがあるので、その思いに相応しい物を持っているのです。

実際のところ、愛の質量はお金の単位と比例しています。

愛の本質を知り、愛に生きるほど、お金も必要になってきますが、自分に対するイメージがよくなると、自然にお金も巡るような生き方になるのです。

貧乏が悪いわけではありません。けれどもお金持ちになりたいのになれないのは、貧乏性という生き方をしているからです。

「自分なんて……」という思いがあると、「これでいいや」「あれでいいや」と安い物で妥協して身を固めるようになります。

要するに、**自分に対する自愛と品格のなさが、貧しい心を生み、現実の貧しさを生んでいるのです。**

このように、自分に対するイメージひとつで、豊かさはかわります。だからこそ、自分が大切だと思うことや、やってみたいこと、そして未来につながる希望にお金を支払っていきましょう。

自愛を持ってお金を使うことができれば、今までにない満たされる感覚や心地よさを感じ、本当の豊かさで満たされるようになるのです。

「母ちゃんの心に豊かさを与えてください」
——貧しい心を持つ限り、豊かさに気づくことはできない

僕のおふくろは、地球の貧乏人代表というくらい貧乏根性丸出しで、いつも「うちは金がない、貧乏だ」と嘆いていました。それだけではなく、杓子定規《しゃくしじょうぎ》にまじめで、生きていることに感謝がなく、すぐにキレて僕を叩くような人。

僕はそんなおふくろに生きる感謝の大切さを諭《さと》そうとしては、いつも言い合いになっていました。

小学校5年生のときのことです。親子学習旅行があり、沖縄から東京にはじめておふく

ろと上京したことがありました。東京タワーやサンシャイン60など、東京の名所をみんなで回るツアー旅行です。

僕の家は貧乏だったので、このめったにないチャンスにおふくろも上機嫌で、「旅行の記念に何でも買ってあげるから、何か決めておいてね」と言ってくれたのです。

僕は迷わず「スケートボード」と言いました。当時、子どもたちの間で流行《はや》っていたので、どうしてもほしかったのです。

そして旅行中のフリータイムのときに、スポーツ専門店におふくろと入りました。

「これがほしい！」と僕が迷わず指さしたのは、カーボンファイバー製のプロ仕様のスケートボード。当時の価格で2万5000円くらいだったと思います。

すると、突然おふくろがキレました。

「バカじゃないの!? こんな高い物買えるわけないでしょ！」とすごい剣幕で怒り出しました。

「ほしい物があったら、何でも買ってあげるって言ったのは、そっちだろ！」と僕が言い返すと、「普通は5000円くらいまででしょ！」とおふくろは言います。

「知るかそんなこと！ ほしい物を言えって言うから正直に言ったのに、それでキレるなんて、母ちゃんが間違ってるよ！」

僕はそう言うと「もう帰る！」と言い残して店を飛び出しました。

僕は観光バスが通ってきた道を覚えていたので、その通りに歩いてホテルに戻ったのですが、一緒に行った人たちは、僕がいなくなったということで警察に捜索願いを出す騒ぎになりました。結局、ホテルで会うことができてその場は収まりました。

ホテルでおふくろは「さっきは言い過ぎた。ごめん。5000円くらいなら買ってあげるよ」と言ってくれたのですが、僕は「もういらない」と言って、こんな話をしました。

「母ちゃんは僕がスケートボードを買ってもらえなくて、駄々をこねて怒って帰ったと思っているんでしょう？　それは違うよ。僕はスケートボードを買ってもらえなくても仕方ないと思っている。なぜなら、小さい頃からほしい物が手に入ったことなど、一度もないんだから。

僕はそれに妥協しているんじゃない。理解しているんだよ。家の経済状況も、母ちゃんの心境も、現実問題も、全部理解しているんだ。

母ちゃんは、いつもお金の話をしている。僕は希望の話をしている。

僕が希望を話していることがわかれば、『ごめんね。買ってあげたいけど、5000円しか予算がないの。だから、2万5000円は無理だけど、5000円で買いたいものはない？　いつかこれが買えるようにがんばろうね』って言えるんじゃない？

お金がなくても、僕の人間性の豊かさは何もかわらない。でも母ちゃんは、スケートボードが手に入れば豊かで、手に入らないと貧しいと思っている。それは、自分という人間性が貧しいからそう思うんでしょう？

本当の豊かさがわからないから、母ちゃんはお金に飢えて、お金につかまって、お金があるないにこだわっているんだ。

もし2万5000円の物が買えても、それが買えるようになったら次は25万円の物が買えないって悩むよ。そうやって貧しい心は続くわけ。

僕は貧乏につかまってしまった母ちゃんの心を解放したいから、こんな話をしているんだよ。

ほしい物があるか？　と聞かれたら10歳の子どもとしてほしいものは山ほどある。でも、**幸政という人間としてほしい物はあるか？　と聞かれたら、母ちゃんの心にどうか豊かさを与えてください、という祈りしかない**」

おふくろに本当の豊かさをわかってほしくて、僕は一生懸命に話していたのですが、結局、おふくろは死ぬまで貧しい心を捨てることはできませんでした。

貧しい心を持つ限り、人はお金をたくさん持っている人が豊かで、お金を持っていない人が貧しいと決めてしまいます。

でも本当は、そういう解釈しかできない自分の心が貧しいのです。

そこに気づくことができたとき、貧しい心を捨てて、本当の豊かさの扉を開くことになるのです。

収入に不満だ!? でもその金額は、実は自分で決めている

「私はサラリーマンだから、月収は決まっています。簡単に収入が上がるわけない……」

そう思う人は、サラリーマンを選んだ段階で、収入の上限を決めていることに気づいてください。

若いうちは社会に出ていろいろなものを見て学ぶことは大切です。でも、**ある程度のことを身につけたら、自分のやりたいことをやる。それが人生です。**

厳しいことを言えば、終身雇用制にあぐらをかいて一生サラリーマンをしている人は、やりたいことがない証拠です。だから収入も上がるわけないと、自分で最初から決めているのです。

そもそもやりたいことをやっていれば、収入に不満は抱きません。やりたいことをやってお金ももらえるなんて、ありがたいと思えるのですから、その金額がいくらであろうと幸せなのです。

でも、やりたいことをやっていない、やりたくないことをやっている人は、我慢して必死になっているのに、それでもお給料が上がらないから不満を抱くのです。

やりたいことをしていれば、どんな少額でもお金をもらえた時点でラッキーと思えますし、またワクワクしながらおこなえます。

そこには「〜しなければならない」はなく、「〜したい」という希望があるのみ。

自分らしさを発揮しながら最高の結果を出せるようになるので、自然と年収も上がるようになるのです。

年収の上限は、自分の生き方に見合った額が与えられる

年収の上限は、みなさん自分で決めています。たとえば、ディズニーランドに行くために毎日食費を削って節約をして、お金をせっせと貯める人もいれば、多少お金はかかるけ

れど、新鮮な野菜や身体にいいものを食べ、さらに旅行もして、そのうえディズニーランドに行きたいという人もいます。

この違いは、**お金がかかっても、心地いい生活をしたいと思うかどうかです。**

自愛があれば、尊い自分に相応しい暮らしをして、それに見合った生き方をするようになると言いましたが、まさに年収も同じです。

自愛があれば年収の上限は限りなく高く設定されるため、それに見合った生き方をし、仕事も回るようになるのです。

つまり、**自分がどんな生き方をして、どれくらいお金がほしいのか。その上限をかえれば、仕事もお金も回ってくるということです。**

自分に制限を設けた段階で、収入は決定します。自分の制限を外せば、収入はいくらでも伸びていくのです。

人間よりも、犬のほうが愛を生きている

自愛のなさが貧しい心を生むすべての原因ですが、僕はそのことを犬に指摘されたことがありました。

小学校低学年の頃、庭でぼぉーっとしていたら、家で飼っていた犬と目が合い、意識がぴったり合いました。その瞬間、「僕たちは犬だからいいけど、君たち人間はなぁ〜……」という同情心で僕を見ているのを感じたのです。

僕はどういうことだろうと思い、犬に話しかけてみました。

「何？　その優越感。まさか犬のほうが人間よりいいと思っているの？」

すると、犬が答えました。

「あのさ〜、人間は犬の寿命が短くてかわいそうって思っているだろ。そんな同情、いら

ない。バカじゃないのか？」

それまで長生きがいいと思っていた僕は「違うの？」と聞くと、犬は語りはじめました。

「そもそも人間は愛以外をたくさん生きているだろ？　自分にウソをついて、人に媚《こび》を売って、自分らしく生きていないだろ？

我々は自分の愛する人を決めて、忠誠心と愛を注ぐ以外の生き方はしないんだよ。**毎日、愛しか生きていないわけ。そうすると、10年も生きれば十分かなって思っちゃうのよ**」


愛に生きる10年と、愛のない80年。どっちが幸せ？


犬の告白はまだまだ続きます。

「人間はくる日もくる日も自分にウソをついて、後悔をしている。愛を生きられない。こんなくだらない生き方をしている限り、80年生きたって、愛に生きた瞬間なんてないじゃないか？

我々は10年で十分。80年かけて愛を感じようなんて、人間は正気なのかね？」

犬に自愛のなさを指摘されるって、かなりの衝撃です。

でも、本当にそれくらい人間は愛に生きようとしていないのが現実です。

愛に生きれば、この世はすぐにでも豊かになります。

最初の一歩は、自愛に目覚めること。

自分の思いを叶えて、自分を幸せにしてあげる。自分に丁寧に生きることが、本当の豊かさを叶える答えなのです。

不正なお金、汚いお金……。お金にこだわりを持つのは、心が貧しい証拠

ここで、あなたの自分に対するイメージをチェックしましょう。

あなたは、世界中の恵まれない人たちを救おうと、自らも質素な生活をしながら必死に活動している慈善事業家だとします。

あるとき、1億円を寄付したいという人が現れました。

しかし、よく調べると、そのお金は人を騙して得たお金であることが判明しました。

その場合、あなたはそのお金を受け取りますか？　それとも、こんな腹黒いお金は使えないと受け取りを拒否しますか？

もし、「そんな汚れたお金は受け取れない」と思うなら、自分に対するイメージが貧し

い人です。

なぜなら、**「汚いお金は使えない」と、お金に罪を着せる根本には、聖人君子として崇《あが》められたいという承認欲求があるからです。**

「プロローグ」でも書きましたが、本来、お金はいいものでも悪いものでもなく、ニュートラルなエネルギーです。

1億円もあれば、たくさんの人たちを救うことができるはず。それなのに「お金にはいいお金と悪いお金がある」と区別しているということは、自分は立派な人、素晴らしい人と認められたい、だから汚いお金は使えない、と言っていることと同じなのです。

自分のこだわりが邪魔をして、やれることをやれずにいる、ということです。

けれども、地球人は募金活動をしながら、コツコツとボランティアをしている姿のほうが美しいと思いがちです。ドラマの『おしん』のように、苦難に耐え、努力し続ける人生を美徳だと思っています。だから、地球はなかなか進化できないのです。

金持ちからお金を引き出して庶民の生活を豊かにした世界一の詐欺師とは？

古代文明が栄えたヨーロッパのある都市の話ですが、豪快にお金を活かした英雄がいました。

彼は、私腹を肥《こ》やしてぬくぬく生きている権力者たちに嫌気がさし、彼らが持っているお金をなんとかして都市造りのために利用できないかと考えました。

そこで、彼は国民から莫大な人気と支持を得て、権力者が自分に投資してくれるような環境をつくりました。

そして彼は、権力者たちに都市の未来図を話しました。

「僕に投資したら、都市を豊かに生まれかわらせて、しかも投資額を倍にして返そう」

そう約束をして、権力者たちからの出資を得て、都市は美しく開発されていきました。

やがて投資されたお金の返済期限が迫ってくると、彼は再び権力者たちに話をしました。

「都市をもっと発展させるために投資してくれたら、前に借りたお金と合わせて、大金にして返そう」

そう言って彼らを信用させ、さらに大金を出資させることに成功したのです。

もちろん、彼には最初からお金を返せるあてなどありませんでした。

権力者たちから見れば、彼は世界一の詐欺師です。でも、金持ちの懐《ふところ》からお金を出させることで、都市を発展させ、庶民たちにいい暮らしを与えました。

これをよくないことだと思いますか？


世界の金持ちが、世界の人たちを幸せにするために出資する世の中になれば、地球は今すぐ進化します。

どんなに腹黒いお金でも、お金で救えることはあるのです。お金にいいお金も悪いお金もない。どんな使い方をするのか、それが大事なのです。

貧乏性は、親に与えられたものではない。自分が選び、受け入れたもの

自分に対するイメージが貧しい人は、お金に対するイメージもネガティブです。

「プロローグ」でも話したように、自分を尊いと思えない人は「お金のせいで苦しい思いをしている」「お金が世の中の不幸をつくる」と思っています。お金に罪はないのに、その貧しい人間性が、お金に罪をかぶせているのです。

こうなると、お金はいくらがんばっても巡りません。

お金の気持ちになってみてください。「お前のせいでつらい思いをしてるんだ！」という人のところに、行きたいと思いませんよね。

お金だって人間と同様、「大好きだよ♡」と言ってくれる人のところに行きたいはずです。

では、お金に対する悪いイメージはどこで培われたのでしょうか？

おそらく大半の人が、「親」と言うでしょう。たしかに、親の影響はとても大きいものです。「うちはお金がないんだから！」「あんたのせいで、働かなきゃいけない！」などと言われて育てば、少なからず影響を受けてしまうのは当然です。

しかし、親のせいで貧乏性になったと主張するのなら、あなたは本当に100％親の影響を受けてきたのでしょうか？　本当に親の言うことをすべてちゃんと守ってきたのでしょうか？　親に言われたことは「はい、お母様。わかりました」と反抗せず、全部聞いてきたのでしょうか？


おふくろが倒れたとき、僕が「母ちゃん、ご飯をしっかり食べないから病気になるんだよ。また倒れるよ」と言うと、「あんたがしょっちゅうそうやって脅《おど》すから、本当に倒れたんじゃないか！」と注意してきました。

普段は僕にさんざんひどいことを言う母親なのに、そのことは棚上げして、「自分は言葉の影響を受けやすく、お前に言われた通りになってしまうから、ひどい言葉を使うな」と言うのです。

そこで、僕はおふくろに言いました。

「そんなに僕の言葉に影響を受けて、言葉をその通りに受け入れてしまうなら、ウンコ食べて」

すると、「そんなの食えるか、バカ！」とすごい剣幕で怒鳴られ、頭を叩かれてしまいました。


ここからわかることは、相手の言うことを受け取るときは、自分が必ずそれを許可しているということです。


100％人の影響を受けてしまうのであれば、「ウンコ食べて」と言われたら、食べるということですよね。

でも実際は、僕が「ウンコ食べて」とどれだけ言ってもはねのけ、「ご飯を食べないと病気になるよ」という言葉は受け取る。

それは自分が受け取るものを選択して、許可しているということです。


なぜおふくろは「ご飯を食べないと倒れるよ」という言葉を受け取ったのかというと、

自分もそう思っているからです。

人は、自分が思えることは受け取り、思えないことは受け取れないのです。

「うちは貧乏なんだから、お金の使い方に気をつけなさい！」と親に言われ続けてきたから貧乏性になったと言うのであれば、自分がそれを許可して受け取り「自分は貧しいやつだ」と自分が思っているということです。

ウンコを食べることを断れるのなら、人から何を言われてもそれを受け取らなければいいだけじゃないでしょうか。

どれだけ親に「うちは貧乏だ」と言われて育ったとしても、自分は豊かだと思えたら、貧乏性に育つわけがないのです。

つまり、親に言われたせいではなく、自分の問題なのです。

「もやし山盛り鍋」の争奪戦で感じた豊かさ

僕の秘書は、沖縄では誰もが知っている会社の社長令嬢です。経済的に恵まれた生活をしてきた彼女は、子どもの頃からホテルのレストランでご飯を食べたり、家族で海外旅行をしたりしていました。両親が家で飲むアルコールはビンテージワインばかり。ですから彼女にワインの話をさせると、さすが上流階級で育ってきたことがわかります。

一方、僕は両親ときょうだい4人の6人家族で、とても貧しい家に育ちました。少年野球をしていましたが、道具やユニフォーム、練習着を買ってもらえなかったので、ほとんどお下がりをもらっていました。

ユニフォームの下に着る500円のアンダーシャツは、3年もお願いしてやっと買ってもらえたほどです。

そのアンダーシャツは脇がボロボロで穴があき、肌が透けて見えるほど薄くなっていましたが、40歳くらいまで捨てられずにいました。というのも、僕はそのアンダーシャツを見て「**500円を笑うものは500円に泣く。500円に思いを持つものは、500円に尊さを見る**」と、自分に言い聞かせていたからです。

お給料日前は、もやししか具がない「もやし山盛り鍋」を6人で必死に奪い合ったこともあります。秘書とは住む世界が違う、そんな子ども時代を送ってきました。

でも、僕はいつも思っていました。小さな食卓で鍋を囲んで、もやしをこぞって食べるって豊かだなと。家族でもやしの争奪戦をしながら、しのぎ合って支え合って生きていたなと。

たとえ、母親に怒られようと、一緒に食事をする豊かさを感じていたのです。

一方、秘書は与えられたナイフとフォークを使って、上品に一人一皿ずつ出てくるステーキを無言で食べていました。人の温かさを感じられず、会話もなく、無機質な食事の時間。どんなに高級な料理を食べても、どこかむなしさが残る……そんな毎日だったそうです。

僕は、貧乏根性丸出しの父と母のもとで育ちましたが、自分を貧しいと思ったことは一度もありません。なぜなら「お金がないだけ」って気づいていたからです。

みんなで一緒に食べる幸せ、食事への感謝、そして家族のぬくもり……。お金がないだけで、僕はいつも豊かさを感じていたからです。

お金がないだけで、なぜ自分の心まで貧乏になる必要があるのでしょうか？

「そんなこと言ったって、貧乏な家で育てば、気持ちもすさんで当然です！」と言う人は、自分のなかに「貧しさ」があるということです。

お金がないことと心が貧しいことは別問題

今、僕は1年の3分の1を講演会やセミナーで全国を飛び回る日々を過ごしています。多くの人が僕の話を聞きたいと求めてくれるのは、僕に「人間的な豊かさ」を感じてくれているからです。

お金もその豊かさに必ずついてきてくれます。だから、お金儲けに走ったことは一度たりともありません。

「愛の法則」のなかにいる限り、人もお金もすべてが愛に集うのです。

お金があろうがなかろうが、愛を感じて生きている限り、豊かさを感じることができるということです。

愛を基準に生きれば、「お金がないこと」と「心が貧しいこと」は、別問題だとわかります。

僕は、「人生を素晴らしいものにしたいなら、素晴らしいあなたになりなさい」と言っています。

自分が素晴らしい人間であれば、すべては豊かな方向に向かっていくと決まっているからです。

今必要とされているのは、経済的、環境的な豊かさではなく、精神的な豊かさです。精神的な豊かさを手に入れることができれば、お金も人も黙っていてもついてくる。そういうものなのです。

「健康で幸せになる」ための価値基準と「病気や不幸にならない」ための価値基準は違う

自分に対するイメージが、自分の豊かさを決めると言いましたが、これをわかりやすく仕組みとしてとらえると、自分の思い（自分に対するイメージ）が「フィルター」で、そのフィルターを通して、現象（現実）が起こっているということです。よく「現実は内面の投影」といわれますが、まさにそのことで、映写機の仕組みで説明できます。

次のページの図を見てください。まず、映像を映し出すために必要なのが光。これは人間に当てはめると「心」です。

コンセントにプラグを差し込めば電気がつくように、私たちの心には、神様や宇宙から無尽蔵に愛のエネルギーが流れ込んでいます。まさに、私たちの動力源といえるものです。

光源の次にあるのはフィルムで、人間でいうと「思い」。そして映像を映すスクリーンは「現象（現実）」です。

つまり、**心から放たれた光が、自分の「思い」というフィルムを通し、「現象（現実）」が起こっているということです。**

たとえば、仕事をせず家でダラダラしている旦那さんに、「早く仕事を見つけてきてよ！」「あんたが働いてくれたら、私はこんな苦労をしなくてすむのに」と言って相手をかえようとしても、旦那さんがかわることはありません。

なぜなら、現象（スクリーン）をかえようとしているからです。

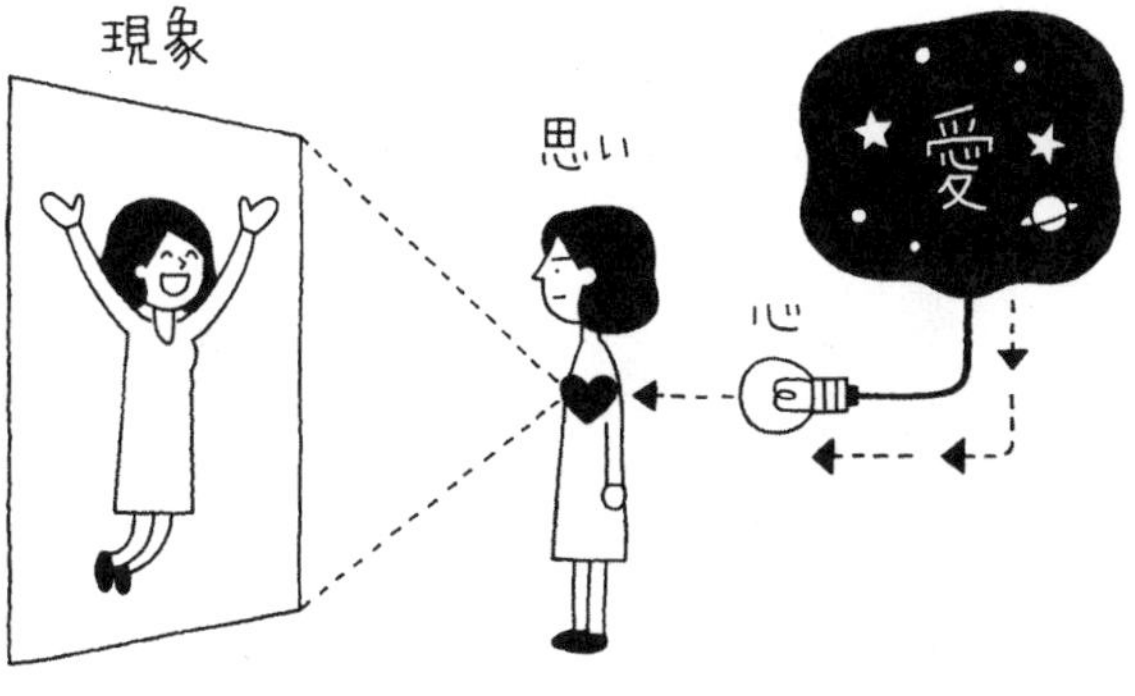

思いを変えると現象が変わる！

その前に、やりたくもないことを嫌々やって、自分に嫌気がさしている奥さんの思いをかえることが先です。奥さんの思いが前向きに切りかわらない限り、旦那さんの態度がかわることはないのです。

いくら現象をかえようとがんばっても、自分の思いがかわらない限り、いつまでたってもかわることはありません。

そう考えると、どんな思いを持つかによって、人生は幸せにも不幸にもなるということです。

不安を数えるか、幸せを数えるか。それで現実はかわる

これはよく講演会で話すことですが、「今日、この会場から自宅に帰るまで、青い車を数えて帰ってください。そして、家に着いたらすぐに、赤い車の台数を書いてください。

さて、赤い車は何台数えられるでしょうか？」と問いかけます。

するとみなさん、「数えられません」と言います。

これは、意識（思い）を青い車に向けていたので、赤い車は走っていても見えないから

です。

では、青い車を「不安」、赤い車を「幸せ」、家に帰るまでの道のりを「人生」に置きかえてみてください。

「不安」に意識を向けていたら、不安ばかり数えて生きる人生を送ることになりますよね。お金がなくなったらどうしよう、病気になったらどうしよう、子どもが受験に失敗したらどうしよう……。

そんな不安をたくさん抱えて定期預金をし、保険に入り、子どもを塾に入れ、不安対策をして安心する。その挙げ句、「病気をしたけど、保険に入っていてよかった～」と不安のなかの安心を探す……。

これ、まともですか？

保険に入ってそこに投資をしていたから病気になっただけのことです。日頃からそこに投資していたから投資先が動きましたよっていう話です。

「幸せ」だけを数えて生きていれば、人生はハッピーだらけになります。今日も笑顔で過ごせて幸せ、健康でいられることに感謝、子どもが好きな道に進んでくれて嬉しい……。何をしても、何を見ても「人生って最高！」という気持ちで毎日を過ごすことができます。

つまり、**健康で豊かで幸せになるための価値基準と、病気や貧乏、不幸にならないための価値基準は同じではないのです。**

東京の新宿駅西口には高層ビルがたくさん立ち並んでいますが、その多くが保険会社のビルです。不安対策のため、万が一のためにと、みなさんが支払ったお金で建てられたビルです。

日本銀行のデータによれば、日本の家計金融資産構成額の「現金・預金」は９４３兆円。「保険・年金準備金」は５２１兆円にものぼります（２０１７年12月データ）。

これらを足すと、なんと1年分の国家予算よりもはるかに多い金額です。そんな巨額の富をみなさんは「将来起こるかもわからない不安」のために投資しているわけです。

もし、このお金を「幸せ」をつくるために使ったらどうなると思いますか？　あなたの現実も世の中も、すぐによくなりますよね。

人生を不安に感じるのは、周りや世の中のせいではなく、自分の思い、思考の投影なのです。

私たちは自分が見たいもの、関心があるものしか見ていません。自分が意識を向けていることだけを見て、聞いています。

だったら、今日からは「幸せ」を数えてみる。それだけで、目の前の現実は不安が存在しない世界にかわります。

思いは叶い、魂胆は叶わない
——願いが叶えられない理由

どんな思いを持って生きるのかによって、見える世界もかわれば、起こる現実もかわると言いましたが、願いが叶う人と叶わない人の仕組みも同じです。

たとえば、神様に「お金持ちになりたいです！」と祈ったとします。その思いが強いゆえに、大きな神棚をつくり毎日神様にお願いし祈ったとしましょう。

神棚を大きくつくるということは、よほど神様を信じているということです。その時点で、神様へのアピールは十分に伝わっていますから、神様は「その気持ちは受け取ったよ」と、その人にお金持ちになる道を示してくれるようになります。

つまり、神棚が大きいだけで点数アップ！

仏教では、「荘厳《しょうごん》なるものには荘厳なるものが集まる」という教えで知られるように、

「神様を信じる」という思いのフィルターが、お金持ちにさせるという現実を生んでいるのです。

この話を聞いて「そうか、神棚を大きくすればお金持ちになれるのか。シメシメ」と思ったとします。

そこで特大の神棚をオーダーメイドし、「神様！　どうかお金持ちにしてください！」と毎日祈ったとしましょう。

さて、お金持ちになれるでしょうか？

残念ながら、お金持ちにはなれません。

なぜなら、そこには魂胆があるからです。

「お金持ちになるためには神棚を大きくすればいい」という魂胆のもとに行動した人は、いくら神棚を大きくしても神様を信じていることにはならないのです。

つまり、「祈り（思い）は叶い、魂胆は叶わない」ということです。

思いは「光子《こうし》」を飛ばし現実をつくる

「祈り」が効くことは実験でもすでに証明されています。祈りとは「意に乗る」という意味で、実は100%科学です。

物理の授業で、すべての物質は素粒子という目に見えないエネルギーでできている、と習った記憶があると思いますが、量子物理学の世界では、人が何かを思うとき「光子」が発信されていることがわかっています。

光子とは、思ったところに飛んでいくエネルギーです。

たとえば電子レンジで芋を温めると、お皿はそこまで熱くならずに芋だけが熱くなりますよね。これは、マイクロ波が芋の水分子に狙いを定めて振動させ、その摩擦《まさつ》熱で加熱しているからです。

まさにこの電子レンジのように、光子とは思いを寄せたところにだけ届く、通話料を取らない電話のようなものなのです。

たとえば、ふと相手のことを思った直後にその人からメールがきたり、なぜか学生時代の友だちの顔が浮かんだと思ったら、その日に道端でばったり会ったりしたことはありませんか？

これらの現象は、相手から飛んできた光子をキャッチして、それが現象として起こったということです。

つまり、**祈りとは、自分の思い（意）に乗ることを繰り返すから、光子が飛んで現実となるのです。**

これが、祈り（思い）と魂胆の違い。おそらく近い将来、科学として証明されるでしょう。

お金持ちになるためのハウツー本をどれだけ読んでも、いっこうにお金持ちになれない理由はここにあるのです。

何を前提に生きているか？　それで人生は180度かわる

僕は以前、健康カウンセラーをしていたこともあり、医療関係者との縁でコラボ講演会をおこなったことがありました。

講演会のあと、関係者で打ち上げをすることになり、僕と妻のほかに国や県の医療関係のそうそうたるメンバーが同席していました。

そんななか、ある大学の学長が僕の妻に向かって言いました。

「それにしても奥さん、うらやましいねえ～。金城先生が発表している健康学のデータは、お金を払ってでも買いたい貴重な資料だよ。今日はそれを見せてもらったけど、家でそんな資料が見られたり、聞けたりするんでしょう？　奥さん、本当に幸せですね～」

すると妻が「う～ん、でも私は主人がやっていることに興味ないので……」と言ったので、テーブルに座っていた人たちは全員驚きました。なかには、「ご主人は大変立派なことをしているのだから、少しは興味を持ちなさいよ」と、妻に説教する人まで出る始末でした。

そこで僕はこう言いました。

「いや、違いますよ。うちの奥さんはとても健康な人なので、健康になることに興味がないだけです。

たとえば、足が不自由な人は歩ける人を見るとうらやましいと思い、目が見えない人は、見える人をうらやましいと思いますよね。『ない』人にとっては、『ある』ことはとても奇跡的なことです。

みなさんは病人を相手にしているので、健康が財産だと思っている。ところがうちの奥さんは、生まれつきずっと健康なので、健康について考えたことがない。人は健康でいるのが当たり前だと思っているので、健康になるために何かをするという世界観に興味がないのです。僕がやっていることは幸せづくり。そして彼女はもともと幸せなので、幸せに興味がないんです」

これが、本当のポジティブです。

人は健康で当たり前。病気なんてするわけない。病気をするなんて、相当運が悪いんじゃないの？　と思っている人は、病気をしないのです。これはとても大事なところです。

お金の話に戻すと、人は努力して必死に働かないと豊かになれない、という思いが前提にあれば、いくら働いてもお金持ちにはなれません。

お金を得たとしても一時的に過ぎず、失ってまた必死に働くことになるか、得たお金では満足できずに働き続けるのです。

一方、**人間というのは尊厳があり、誰でも自由に自分らしく生きることが保証されている。だから、人は豊かになって当たり前だという前提があれば、その通り豊かになれるのです。**

言ってみれば、お金は必要な分だけ巡ってくるという感覚です。それが何十万円であろうと、何百万円であろうと、何千万円であろうと、何億円であろうと同じです。

「2億円だから、気合いを入れよう！」ということではありません。

「30万円ほしい」と言っても、「2億円ほしい」と言っても、額の違いは関係なく同じパワーで引き寄せられます。そして実際、注文した金額の分だけ、お金は巡ってきます。

こんなふうに、必要なお金が舞い込むのも、すべて自愛が関係しています。

自愛があれば、自分を大切にしたい、自分に豊かな経験をさせてあげたいというフィルターがあるので、その通りの現実がやってくるのです。

自分は「神様」か「猿の進化」か？
それに相応しい生き方をする

あなたは、神様の分身ですか？

それとも、サルから進化した生き物ですか？

この問いは、拙書『あなたのなかのやんちゃな神さまとつきあう法』（サンマーク出版）でも書いたことです。なぜ何度も同じ質問をするのかというと、ここがとっても大切だからです。

もし、あなたがサルから進化した生き物だと思っていると、「そりゃあ、お金持ちになりたいよ。でもそんな簡単にお金を稼げるわけないから、仕方ないんだよ」と言いながらボロアパートに住み、その日暮らしの生活をすることになります。

ボロアパートこそ自分に相応しいと思っているので、豪華な家に行くと落ち着かなくなったりします。

しかし、**自分は神様の分身だと思っていると、神様に相応しい、上質で心地のいい暮らしをして、神様のごとく生きることになります。**

数年前、僕は車を買いかえました。乗用車のなかでは国内最高レベルの高級車です。その車で、家族でドライブをすることになりました。

すると末娘が「私、助手席に乗る！」と言ってすぐに僕の脇に座りました。そしてこう言いました。

「お父さん、こういう車って、乗ると自分に相応しいってことがわかるねぇ〜」

高級車に乗ると、いちばん自分らしい心地になることがわかる、と言ったのです。

このような言葉が出るということは、明らかに豊かな領域からきた魂です。

自分は神様であるという前提に立てばこそ、豊かな暮らしが相応しいということがわかるのです。

同じように、身体も「神様からの預かり物」と思うのか、「自分の所有物」と思うのかで機能性がかわります。

所有物と思うと、身体の持つ能力は思考の制限を受けます。「私は音痴だから歌が下手」「私は運動音痴だから走るのが苦手」というふうに、思考の枠のなかでしか機能しません。

ところが、**神様からの預かり物だと思うと、可能性をはかれるわけがないと思えるので、どんなことも可能になるのです。**

実際僕は、どんなスポーツもかなりのレベルに達しています。逆に「できないことってあるの？」と聞かれるくらいです。それは、僕の身体は神様からの預かり物だと思っているからです。

神様の分身であることを、思い出すだけでいい

みなさんは神社に行くと、神様の前で手を合わせて、真剣にお願いごとをつぶやいたりしますよね。本殿の神座《しんざ》には神様がいて当然だと思っています。

でも、僕は神様が神座に座っていると「かわれ」と言います。なぜなら、僕も神様だからです。

神様が食べる物は自分も食べる。神様が座っている椅子には自分も座る。自分はそういう存在だという前提に立つならば、自分のなかに内在する魂と周波数が合い、ますます豊かな存在になっていくのです。

みなさんが自分の祖先は猿だと思っているのは、ダーウィンの進化論を信じているからでしょう。

でもよく考えてみてください。ダーウィンの進化論は、「突然変異」で進化するという説です。ハ虫類がいきなり哺乳類に変化した？　サルがある日突然人間に変化した？　そんなことってあるでしょうか？

血液の研究をしている科学者たちは、そんな進化はあり得ないと知っています。

お母さんと子どもでさえも血液は別です。血はつながっていません。胎児だって胎盤を通して自分の血液を回しているのです。人は他人の血液が体内に入ってくると、血液内の免疫細胞がその侵入を防ごうと抗体ができて攻撃し合う、つまり血液同士が大喧嘩してしまうのです。

実際、大手術などで輸血をすると、その後は抗体を鎮《しず》める薬を飲まなければいけなくなります。場合によっては一生飲み続けることにもなります。

家族は血がつながっていると思われがちですが、血液は家族の血液でさえ受け入れない、これが事実です。血液にも血液の意思があるということです。

だから、**血液がほかの血液を受け入れたり、違うものに進化したりすることはあり得ないのです。**

サルが進化した末にあなたがあるのではありません。

本当に豊かになりたければ、「自分は神様の分身であること」を思い出す。それが、貧乏性から抜け出す大きなポイントです。

「自己責任」を取らない人は、お金が逃げていく

「自分の思いが現実をつくる」という仕組みはわかったと思います。けれども人間はご都合主義なので、「あれは内面の投影だけど、これは誰か、何かの影響」と勝手に線引きしがちです。

僕はセミナーで、「今この地球は3次元と5次元の二極化が進んでいる」という話をします。

言い方をかえると、3次元は「退化の道」、5次元は「深化の道」で、地球はその分岐点を通過中だということです。

「現状維持」という選択肢は宇宙の法則にはありません。それは退化の道に入ります。

「かわり続ける」ことが宇宙の絶対法則です。

この法則から外れると、すべてはよくない方向へと進んでいきます。

では、**進化するにはどうしたらいいのかと言うと、シンプルに「自己責任」で生きることです。**

私たちは、自己責任を認めた分だけ、自分次第で何とでもなることを理解します。そして自由と権利を手にして、「影響を与える側」になれます。

ところが、自己責任を放棄すると、「何かのせい、誰かのせい」と周りや相手次第になるので、「影響を与えられる側」になってしまうのです。

影響を与えられる側にいると、「○○さんのせいで、私は理不尽な思いをしている」「子どもがいなければ、もっと自由にお金を使えるのに」と自ら傷ついて被害者になります。

でもそれは被害者になって相手を責めることで、相手をコントロールしようと力《りき》んでいるのです。

自己責任というと「自分のせい」と聞こえるので受け入れられず、相手のせいにしたほうが楽だと勘違いしているのです。

でも、**自分で責任を取らない生き方は、自分が幸せになるのも、不幸になるのも相手次第ということです。**

それでは相手がどう出るかと常に緊張感でいっぱいですし、相手に振り回されてばかりなので、がんばっても結果が出ないという空回りの人生になってしまいます。

そして、自分で責任を取らない人は、お金が逃げていきます。

お金が手もとから出ていったときは人のせい、お金が入ってきたときは奪われないようにしようと考えるので、お金を循環させる発想がなく貯め込もうとするからです。

お金をたくさん自分の懐に貯め込んでも、決して豊かにはなれません。豊かさは、たくさんお金を使い、儲けて回すことで生まれるのです。

自己責任と自分に対する信頼は比例する

「何でも自分次第」と思って自己責任を引き受けられる人は、自愛がある人です。どんな状況でも、他人に振り回されることなく、自分で自分を満たし、幸せにすることができるからです。

常に自分に対する信頼が根本にあるのです。**自分への信頼があれば、人はあらゆるものを受け入れられるので、自由を手にし、自然とリラックスして生きられるようになります。**

生きることの根本に「信頼」があるので、自分も相手も信じることができ、人間関係も信頼で結ばれていくのです。

たとえば、突然会社が倒産し、貯金が底をついたとします。自己責任を取らず「不信」のフィルターを持っている人は「どうしよう。明日から生きていけない」と絶望に襲われ、「失業した人は信用されない」という集団の意識に飲み込まれて、不安が増大していきます。

一方、自己責任を取る「信頼」のフィルターを持っている人は、状況を受け入れて、「よし、裸一貫で一からがんばろう。自分なら大丈夫！」と希望を持って力強く生きていけるのです。

同じ条件下、状況下でも、こんなにも違いが明白になるのです。

もしあなたが今不安でいっぱいなら、まずは小さな自己責任から引き受けてみてください。自己責任を引き受けた分、自分に対する信頼が増し、自愛を持って生きていけるようになるはずです。

お金を通して、人の本気や人格は見えてくる

ある日、四国のある組織から3人の男性がやってきて、「金城先生の講演会を企画しています。ぜひお願いできませんか。金城先生の目指す環境を、四国にもつくりたいのです」と熱い思いを語りました。

すっかり意気投合した頃、メンバーの1人が言いました。

「実は、毎回予算が決まっていまして10万円しか出せないのですが、それでお願いできますか？」

僕はそれを聞いて「や〜だよ。率直に聞くけど、これしかお金を出さないというのは、組織に力がないから？　それとも、お前たちに力がないから？」と聞きました。

3人とも意味がわからず、ポカンとしています。

「僕を動かしたいなら、50万円用意しなさい。そうでなければ行かない。本当に僕の話にそれだけの価値があると思っているのなら、貯金をくずしてお金をつくりなさい」

そう言うと、メンバーの1人が「僕が出します。だからきてください」と言いました。

1人が本気を出してきたので、「じゃあ行くよ。でも先に言っておくよ。金城先生は金の亡者で、結局金目当てじゃないかって思うのであれば、隠さずに今言っておけ」と言うと、みんな下を向いて黙ってしまいました。

僕は決してお金がほしいわけではありません。こんなふうにきつい言葉を使うのは、お金に対する本来の考え方を学んでほしいからです。これまでの生き方にケリをつけて、新しい自分に生まれかわる覚悟をしてほしいからです。

僕は続けてこう言いました。

「貯金をはたいてでも、自腹を切ってでも僕を呼ぶんだな。じゃあ、四国に帰ったら組織のメンバーにこう言いなさい。

『僕は10万円の予算を超えてでも、この先生を呼ぶべきだと思う。だからみんなに力を貸してほしい。1万円を投資してください』と。

こうして、『お前がそこまで言うなら、カンパしてやる』という人を集めて50万円をつくりなさい。

お前たちがみんなの本気を引っ張り出して、お金も引っ張り出して、お金をつくってこい。そうすることで、一緒に歩んでいこうじゃないか、という組織をつくることにもなる。

それがダメだったら、自腹を切りなさい。

君たちは、最初の予算通りのルールに則《のっと》って、これでよろしく、と言うかもしれないけど、そのルールも自分たちの信念でかえられるということを経験しなさい。

そういう経験ができたら、今後は素晴らしいものになるよ。僕はただ講演に行って話すだけじゃない。僕を呼んだ段階で、君たちの成長のレッスンがはじまっているんだ。これは宿題だから、僕が四国に行くまでにやっておきなさい」

運がよかったのか悪かったのか、彼らは複雑な表情で僕の話を聞いていましたが、「わかりました」と言って四国に帰っていきました。

その後、しばらくたってメンバーの1人から弾《はず》んだ声で電話がありました。

「先生に言われた通りにカンパを募ったら、全員お金を出してくれたんです！　でもなかには『なんでお金を出す必要があるんだよ』と渋った人もいました。彼らは上辺だけのつき合いで、心意気をかってくれない人たちなんだということも、組織内で認識できました。先生に言われた宿題をやって、本当によかったです！」

と涙声で話してくれました。

当日、彼らは空港まで迎えにきてくれて、とてもいい雰囲気で講演会を終えることができました。

講演会のあと、電話をくれた彼が「今日は本当にありがとうございました。金城先生にきていただいて本当によかった。50万円用意しましたので、どうぞ」と言って、お金を渡そうとしたので、僕は「いいよ、予定通り10万円だけもらって、あとの40万円は返すよ」と言いました。

彼はびっくりして、「受け取ってください」と懇願しましたが、僕は「組織は組織。ルール違反をさせることはできないので、お返しします」と言って返し、続けて言いました。

「あなたのやった宿題で、もう支払いはすんでいるよ。僕はお金の学習をしてほしかったのであって、お金を取りにきたわけじゃない。だから、規定通りのお金だけいただきます」

彼らはそのときはじめて、僕が本当に金を用意をしろとは言っていなかったことに気づきました。僕の意図を理解していなかったのは、自分たちだったと悟ったのです。

彼が涙ぐみながら「今度は組織を通さずに、僕が個人で呼びます。そのときは、50万円支払います」と言うので、「うん、そのときは受け取るよ。気前のいい人間には、気前のいい人生が巡ってくる」と言って、彼と固い握手を交わしました。

お金は愛の結晶であり、その人の本質が問われるものです。だからお金を通して、相手の思いを知ることも、自分の思いを伝えることもできるのです。

愛に生きる人は、泥棒にも愛を与えられる

僕の母方のおじいちゃんは、愛に生きた人でした。ここでは、愛とお金にまつわるおじいちゃんのエピソードをひとつ紹介します。

おじいちゃんは、戦前、沖縄の本部町《もとぶちょう》というところで、山を5つくらい所有するほどの大地主でした。そこで豚や牛、馬などを飼い、経済的に苦しい人たちに家畜の世話や、畑を手伝わせることで、お給料を渡してみんなを助けていました。

そんなある日、自分の馬が盗まれてしまいました。

でも田舎なので誰が盗んだかすぐバレてしまい、警察が馬と若い盗人を連れて、おじいちゃんのところにやってきたのです。

警察は「これ、あんたの馬だよね」とおじいちゃんに聞きました。

でもおじいちゃんはすぐには答えず、盗人に「なんで馬が必要だったの？」と問いかけました。

盗人はうなだれながら「馬が1頭いれば、畑を耕せるし、家族を養える……」と言いました。それを聞いたおじいちゃんは、警察に言いました。

「これは、僕の馬じゃない」

すると、盗人は警察に向かって「なあ～、言っただろ。俺は盗んでない。もともと俺の馬だって言ったじゃないか！」と横柄な態度になり、馬を連れて帰ってしまったのです。

警察は困って「そんなことないでしょ。あなたのところの馬でしょ」とおじいちゃんを説得しましたが、おじいちゃんは「いやいや、僕の馬じゃない。あいつの馬だ」と取り合わず、そのまま時が過ぎました。

戦後、役所が焼けたため土地の登記簿を失い、おじいちゃんの持っていた土地は半分くらい国に没収されてしまいました。

そこで、残された土地は次男坊に任せて残りの家族全員で那覇に移住し、また新たな生活をはじめることになりました。

30年余り経って孫が成人して結婚することになり、相手の家族が家に挨拶にくるというので、おじいちゃんも立ち会うことになりました。

相手方の家族が家にきて「はじめまして」と挨拶をしようと顔を見ると、なんと、その相手側の父親が、馬を盗んだ男だったのです。

2人は顔を見合わせてハッとなり、相手側の父親は後ろに下がって土下座しようとしました。

けれど、おじいちゃんは「頭を下げるな。あげなさい」とやさしく諭しました。

相手側の父親は「あのときウソをついていたことがずっと心に引っかかっていて……。いつか謝ろうと思いながら、今日になってしまい、申し訳ない……」とたどたどしく言うと、おじいちゃんは、彼に言いました。

「何も言うな。今日はめでたい席だから。祝福すべきときは祝福の話をしよう。ところで、僕が聞きたいのはひとつだけ。あのあと、ちゃんと子どもを育てられたんだね？」

「はい。あの馬のおかげで、子どもたちをみな立派に育てることができました」

父親がそう答えると、おじいちゃんは、「ならその馬はあんたのもんだ。それでいいって。だから謝ることはない。それで子どもを育てられたのなら、僕も本望だよ。もう馬の話はするな」

そう言って、それ以上馬の話を出すことはなかったそうです。

その後、その親子がおじいちゃんにずっと恩返しを続けたのは、言うまでもありません。相手側の父親は、おじいちゃんの生き様に感動し、僕たち家族に「あんたたちのおじいちゃんは、何も言わないかもしれないけれど、本当に素晴らしい人なんだよ。僕は昔、あんたたちのおじいちゃんのところから馬を泥棒しておいて、盗んでいないとウソをついた。なのに、こんな僕に慈悲深い施《ほどこ》しをしてくれた。本当に立派なおじいちゃんなんだよ」と教えてくれたのです。

馬という財産を取られたにもかかわらず、おじいちゃんは盗んだ相手に愛を送りました。馬は差し上げたのだから、自分から泥棒になるな。同じ親だから、生きるために背に腹はかえられなかったことぐらいわかる。僕は愛を送ったんだ。自分が罪人であることをやめれば、僕からの愛を受け取ったことになる……ということを伝えたのです。

おじいちゃんの意図を汲んだ相手側の父親は、自分を許し「あのときは馬をいただいて、ありがとうございました」と愛を受け取ったのです。

こんなふうに、**お金とは奪い合うものではなく、愛そのものなのです。**

生き方がそのままお金の使い方にあらわれる。だから、愛を持って美しく生きる人は、お金の使い方も美しく、その使い方によって周りの人をも幸せにしていくのです。

愛でメシが食えるために
第1章◉まとめ

◎お金は使う側も、もらう側も喜びしかないアイテムだと知る

◎自愛を持って、尊い者として生きると、尊く生きるためにお金が回りだす

◎現実は、自分の思いの投影。豊かな人も貧しい人も、現実は自分がつくりだしている

◎貧乏性は環境のせいでも親の影響でもない。自分がそれを受け入れたということ

◎自己責任で生きる。それは何でも自分次第で生きられるということ

第2章

貧乏人は「貧しさ」を、お金持ちは「自分」を感じている

「不感症」でいる限り、豊かさは得られない

「感じる世界」の住人か、「考える世界」の住人か。これが豊かになるための決定的な違い

自分のイメージが貧しいのは「自愛」がないからですが、なぜ人は愛を生きられないのかというと、「不感症」だからです。

不感症とは、感じない病のことです。

本来、人は「感じる世界」を持って生まれてきています。感じることができれば、身近なところにたくさんの幸せがあり、価値ある物、尊い物に囲まれ、豊かな彩りとぬくもりを感じながら、小さなことでも笑顔になれる、そんな素晴らしい世界が広がっていることがわかります。

しかし、「感じない世界」に住む人は、何を見ても、何を聞いても、何に触れても心が動かないので、自分が何をしたいのか、どうしたいのかがわからない……。

なぜそんなに感じないのかというと、考えるからです。

「考える世界」はすべてがバーチャル、空想の世界です。

自分で感じてたしかめずに、教えられたことが正しいと信じ、脳に刺激を与えて生きているつもりになっている……。

今やそんな国民であふれかえっているのが、この地球であり日本です。

「感じる世界」の価値基準は、愛のみです。

そこには、いい悪いという相対的な判断はなく、「人間とはこういう仕組みでできている」「お金とはこういう物」というシンプルな答え、真理だけが存在します。

真理を受け入れて、真理に根差して生きることで、心が躍動し愛を実感することができるのです。

一方、**感じない世界、つまり「考える世界」には、「いい悪い」というジャッジがあり、さまざまな価値の基準が存在しています。**

頭で考えることが正しいと思い、考えてばかりいる不感症の人は、自分の気持ちがわからないので、固定観念や常識に振り回されたり、自分にとってよくないことが起こると相手のせいにして、自分の言い分を主張します。

それでも相手がわかってくれないと、不機嫌になったりキレたりして、自分の言い分を通そうとします。

また承認欲求、所有欲、嫉妬などの感情が渦巻き、「そうは言っても、こういう場合もあるじゃないか！」と、何でも言い訳をするのです。

「考える世界」から「感じる世界」へシフトする分岐点は、事件、事故、トラブルなど、不幸が重なったときです。

人は、不幸ばかり続くと、「自分は何か間違っているのかもしれない」と、はじめて自分を疑い出します。

これまでの自分に敗北を認め、愛の世界に生きたいと思った人だけが、不感症の扉を開けて、「感じる世界」「愛の世界」に足を踏み入れるのです。

「考える世界」の価値観はガラクタ

「感じる世界」と「考える世界」では、経済が存在している理由が違います。

「感じる世界」では、豊かに生きるためのアイテムとしてお金が存在しますが、「考える世界」では、自分たちがみじめに生きないために、お金が存在しています。

「感じる世界」に生きる人は、いかに豊かに生きるか、いかに心地よく生きるかが人生のテーマですが、「考える世界」の人は、死ぬまでに有名になり大きな墓を建てて、どれだけ人に認められるかが人生のテーマになります。

「感じる世界」で生きるようになると、「考える世界」で起こっていることはどうでもよくなり、くだらないと思えるようになります。

「考える世界」の人たちは、今抱えている深刻な問題を解決することが大事だと思っていますが、「感じる世界」の人は理解するだけで解決する必要がないことがわかるのです。

「考える世界」の人が大切に持っている価値観は、「感じる世界」ではガラクタであり、いっさい必要がないものなのです。

人生を豊かに生きられるかどうかは、まさに不感症の扉を開けて、「感じる世界」にたどり着けるかどうか。このひとつにかかっています。

「感じる世界」は「愛の世界」、そして「神様の世界」です。

ここには、「考える世界」の価値観を持ったままでは入れません。新しい価値観にかわったフリをしてもムダで、駆け引きはいっさい通用しません。

「感じる世界」「愛の世界」に入りたいなら、ただ、「自分を幸せにしたい」「自分を大切にしたい」と思うだけです。

「幸せになりたいけど、でも～」という言い訳をせず、ただそう思う。本当に思えば、いとも簡単に扉を開けて入れる世界なのです。

「6・3・3・4」の16年間の教育で、人は不感症になる

「ああでもない、こうでもない」と頭ばかり働かせていると、心は動きません。だから、そこに愛があっても、感じることができないのです。

その大きな原因のひとつは、教育です。

今の教育は「考える」ことばかり教えていて「感じる」大切さが抜け落ちているのです。

教育は、人を育てる原点です。

人間性を育てる大きな役割を果たしていますから、**本来は人間性の基本となる愛を土台として、学問を学ぶことが教育であるはずです。**

ところが、日本の教育は暗記勝負の勉強です。

たとえば、「平安京に遷都した年は？」という質問に、「ナクヨウグイス平安京。だから794年」とすぐ答えられる人は多いかもしれません。でも、「なぜ平安京に遷都したの？」「歴史のなかで平安京を学ぶ意義は？」と聞かれて、説明できる人はほとんどいないでしょう。

平安京が日本の歴史のなかで重要な意味を持つ理由や、今の現代社会にどんな影響を与えているのかを学んではじめて、歴史を学ぶ意味があるはずです。平安京遷都の年を覚えたところで、それが人生にどう活かされるのでしょうか？

歴史をなぜ学ぶのかといえば、人間が積み重ねてきた経験を知ることで、二度と同じ間違いをおかさず、争いのない幸せな社会をつくるためです。

未来に継承すべきものは何か、継承してはならないものは何か、そういった視点で歴史を学んだうえで、年表などの知識を頭に入れるのはいいのですが、歴史を学ぶ意味もわからず、ただ年表を暗記するような勉強をしても、残念ながら邪魔な知識になるだけです。

1＋1＝2

これを算数で憶《おぼ》えて、何にどう活かされるのでしょうか？

僕は小学校1年生のとき先生に、「コップ1杯の水と、コップ1杯の水を足すと、1杯なのに、どうして2って教えるの？」と質問したら、「屁理屈を言うな！」と怒鳴られて廊下に立たされました。

これは、屁理屈でもシャレでもありません。

人の思いと人の思いを足すと、ひとつの大きな力になる。**物理的には2になっても、エネルギー的にはこの世界に1しかないということがわからなければ、算数を活用できる感性が育ちません。**

そもそも勉強とは、生きるうえで必要な感性を育てるために学ぶものです。それなのに、今の教育では逆にとらわれた感覚でしか、物ごとを扱えなくなってしまいます。しかも、学校で習うことは、必ずしもすべて正しいわけではありません。

たとえば、学校ではまるですべての歴史が解き明かされているかのように学びますが、「ミッシングリンク（失われた環《わ》）」といわれる進化の途中に存在したであろう未知の生物や、文明と文明の間にある解き明かされていない1万年間など、説明のつかないことが点在しています。考古学はほとんどが謎だらけです。

僕は調べたからわかりますが、多くの人は学校で学んだ知識が正しいと思い込み、鵜呑《うの》みにして、何の疑問も持たずに生きています。

真実を見る目を持たずに、言われたままのことを信じているのです。

こうして人生に活用できないムダな知識のために、小学校の6年間、中学校の3年間、高校の3年間、合計12年間、さらに大学に通えば16年間もの時間を費やしているのが現実です。

高給と手厚い保障、それで生涯安泰だと思っているのですか？

そんな無意味な勉強をするのは、すべて受験のためです。受験のためだけに、人生で実際には活用しないものを教師は生徒に暗記させ、競い合わせています。

生きる力とは「憶えること」ではありません。「覚えるもの」です。

「憶える」は思考、暗記ですが、「覚える」は体感、体得、実践力です。

本来、競争とは競い合うことを通して、多種多様な選択、創造、実績を切磋琢磨《せっさたくま》して伸ばしていくためにあります。

競争に勝つ者は負けた者を導き、負けた者は勝つ者に学ぶ。互いにリスペクトし合い、賞賛し合うためにあるものです。

競争の目的や学ぶことの目的、学校の目的、教育の目的……と、すべて何のための目的なのか、その理解があってこその勉強なのです。

それらを抜きにした日本の受験を中心とする競争システムは、どれだけ憶えたかで人間を評価、判断し、優劣を決めて位置づけをする最低のシステムです。


そもそも、なぜ受験をするのかというと、いい大学に入って、いい会社に就職するためではないでしょうか？

「なぜいい会社に就職したいのですか？」

「なぜ立派な肩書きを持ちたいのですか？」

この答えを突き詰めれば、「少しでも高いお給料をもらいたい」「充実した福利厚生を得たい」「生活を保障されたい」、そして「人よりいい暮らしをしたい」ということではないでしょうか？

高学歴の人ほどこの傾向は強く、より大きな会社で、立派な肩書きを持つのが人生の目的だと思っている人が多いのが現状です。そして立派な肩書きの人ほど、自分は頭がいいと錯覚しています。

こういう人たちによって社会は管理され、世の中のいい悪いが決められている。それが現実なのです。

一流大学の人気就職先ランキングを見ると、今でもトップに銀行が挙がります。

もちろん、世の中に貢献できるアイデアに、積極的に投資したいという思いで銀行員になる人もいますが、大半の人は給料が高く、倒産する心配もまずない、福利厚生が充実し、保障もされている……など「生涯安泰」という理由です。

しかも、それを手に入れられるのは、受験競争に勝ち抜いていい大学に入り、就職活動に成功した者だけ。勝者なのだから、「高給も保障も当然の権利だ」という傲《おご》った気持ちを持っている銀行員も多いのではないでしょうか。

僕がここまで厳しく言うのは、近い将来、今の経済や社会の仕組みを持続していくことが不可能になるのは目に見えているからです。

それなのに、政治家の言葉やニュースの報道を鵜呑みにして、私たちは昭和から続いた「成長神話」がまだ有効だと思い込んでいるのです。

この危機感のなさが、未来を滅ぼすことになるということを心に留めておいてください。

人間も経済も、すべてを動かす力の源は愛です

この宇宙には、愛を中心として回る「愛の法則」があると言いましたが、教育の原点も愛です。

人間は信頼や愛で創造されている、という前提のもとに教育がおこなわれれば、私たちは愛に生きられるようになります。

しかし、戦後日本の教育は、憶えることに重点が置かれ、人間性とはまったく関係のない教育がなされてきました。

教育で愛を教えてもらうことはなく、人生で大切なことは勝ち抜いてお金を得ることだと教わり、その結果ロボットのような人間ばかりができあがったのです。

愛に生きることは、例外なく宇宙に適用されている法則です。

川の流れに逆らって上流に向かって泳いでも、いつか力尽きて流されるように、愛の流れに逆らって生きても、必ず愛に気づくように戻されるだけです。

幸せの源も愛です。健康も、政治も、仕事も、生きる力すべての原点は愛です。

人生のはじまりも愛です。恋愛、家庭づくりのはじまりも愛。出産、子育てのはじまりも愛。不幸の治療薬も愛であり、病気の治療薬も愛なのです。

すべてを動かしている力は愛。だからこそ、人間にとってもっとも大事な教育は、愛に基づいておこなわれるべきです。

それが社会に希望をもたらし、人間を活かす経済活動の原点につながっていくのです。

不感症の人は、お金を活かせないから貧しくなる

僕は高校生に向けて講演をすることもありますが、そんなときはこう聞いてみます。

「自分が女だとして、どっちの彼氏がいいか考えてみて。一人は偏差値の高い中学校・高校・大学に進学し、一流企業に就職して出世コースを歩いている人。彼といれば安心無事の人生を送れるかもしれないけれど、人生の経験は少なく趣味もないという男性。

もう一人は、高卒で30歳にもなって、まだ定職に就《つ》いていないけれど、これまでバックパッカーをしながら自転車で地球一周を敢行。世界中の価値観を吸収して、生きがいのある仕事を見つけたら、それを真剣にやろうという情熱を持っている人。彼といれば安心無事という保証はないけれど、一緒にいたら楽しいことは間違いないよという男性」

そう質問をすると、全員がバックパッカーの人と言います。なのに、いざ婚活となると条件ランキングの1位は年収です。

高校生のとき魅力的だと思っていたバックパッカーの男性ではなく、やっぱり年収を見て相手を選ぶのが幸せだと思ってしまうのです。

今の仕事は「安定」のためか、「やりたい」からか？

ある意味、世の中は結局「お金」です。

安心無事に過ごすことが幸せだと学校や家庭で教えているので、人生にとっていちばん大事なものはお金だと思い込んでしまうわけです。

多くの女性が母親から「女も手に職をつけなさい」と言われて育っています。

その真意は「誰にも頼らず生きていける経済力を身につけておきなさい。そうすれば、母子家庭になっても大丈夫。将来、食いっぱぐれることはないから」ということではないでしょうか？

もし、こんな理由から看護師や薬剤師になっているとすれば、「みんなの健康を支えたい」のではなく、「安泰な人生のため」ですよね。

公務員も同様です。国の役に立ちたい、国をよくしたいと思って公務員になったのではなく、自分の生活の安定や保障のために公務員になっているのなら最低です。

僕のおふくろは、僕が公務員にならなかったから病気になったと言って、僕を責め続けました。「将来に対する不安ばかりで心労が絶えない。なんでお前はこんなにも親を裏切るんだ」と言われ続けてきました。

この僕が、公務員ですか？

僕はやりたいこと以外やれない性分です。自分が思ったこと以外に、自分を使い切れません。そんな僕が公務員なんてできるわけがありません。

公務員が悪いと言っているわけではなく、僕には公務員は合わないのです。

おふくろが僕に公務員になれと言った理由は、経済的な安定が保証されるからです。おふくろは公務員ほど安定している仕事はないと思っていたのです。


でも現実は違います。

愛があれば、すべてが保証されるのです。

それがわからないから「お金がいちばん価値がある」という価値観になってしまうのです。

僕は、お金持ちが悪いと言っているわけではありません。お金はたくさんあったほうがいいし、豊かな生活を送るに越したことはありません。

ただ、お金の価値を知らずにいい大学を出て、いい会社に入り、いい収入をもらっても、感性が育っていなければ、お金の活かし方がわかりません。その結果、貧しさを生むと言っているのです。

本当の豊かさを求めるのであれば、今自分が就いている職業、なりたい職業は、生活の安定のためのものなのか、本当にやりたいことなのか、そこをしっかり見極めましょう。

自分はなぜその道を選んでいるのか？

自分を知ることから、本当の豊かさがはじまるのです。

お金の奴隷にならないために、生きる目的を「生存」から「愛」へシフトする

「お金のことをいっさい考えないとしたならば、あなたは人生で何をしたいですか？」

20代の若者にこんな質問をすると、さまざまな答えが飛び出します。

モデルになりたい、歌手になりたい、カフェをつくりたい、海外で暮らしたい、パティシエになりたい、お笑い芸人になりたい……。お金の制限を受けなければ、いくらでもやりたいことはあるものです。

しかし、「なぜそれをしないのですか？」と質問すると、若者たちは声のトーンを落として言います。

「だって、本当になれるかわからないし、それがお金にならなければ、生活していけないじゃないですか」と。

それって人生の目標が「まともに働くこと」「まともに稼ぐこと」「まともに生きること」と思っているからですよね?

つまり、やりたいことをやるために人生がある、とは思っていないわけです。

やりたいことは、やれない。

それが生きることだと思っているのなら、生きる意味を履き違えています。

やりたいことをやれば、自然とお金が入ってくるようになっているのに、なぜ「やりたいこと」をあとに回して「お金」を一番にするのでしょうか?

一番に「やりたいこと」を持ってくる。

そして「お金」を二番に回せば、豊かな人生が送れるのに、求人票のなかから仕事を選ぶなんてバカみたいな発想です。

生きる目的が「生存」になると、すべての不安が成立する

僕は学生の頃、就職活動をしている友だちに、「やりたいことはないの? 夢はないの?」と聞き続けてきました。

すると友だちはみなキレ気味に「は!? やりたいことをやるって、できるか！ 家族は誰が養う!? ガキじゃあるまいし現実を見ろよ、幸政」と言うので、僕は「バカじゃあるまいし、夢を追えよ！」と言い返していました。

なぜ「夢」と「お金」はイコールじゃないのでしょうか？

なぜ「やりたいこと」と「お金」はイコールじゃないのでしょうか？

それは、人類が「生存すること」を無条件で一番の価値に置いているからです。つまり**生きる意味が「生存」になっているのです。だから、生きるためにはお金が大事、就職が大事……という価値観になってしまう。**

でも残念ながら、みなさんは生存できません。

あと何十年かすれば、みんな１００％、死にます。「生存」に一番の価値をおいても、どうせ死ぬのです。

なのに、なぜ生存することが一番の価値になるのでしょうか？

生存を第一にして生きている以上、すべての不安が成立します。

死にたくない。だから、死なないために、あらゆる不安対策をする——。

この構造が、今の私たちの社会をつくっているので、不安ばかり増大し、幸せを、愛を感じられずにいるのです。


繰り返しますが、**人は生存するために生きているのではありません。愛を経験するために、やりたいことをやるために、人生はあるのです。**

やりたいことをやりながら、愛を積んで、魂を成長させて、命を輝かせて進化するために生きているのです。

どうせ死ぬのだから、夢を叶えるべきです。やりたいことをやるべきです。人生とはそういうものなのですから。

「夢」や「やりたいこと」を前提に、なぜ勉強をするのか、なぜこの仕事をするのかを考えてみる。生きがいや愛というガイドラインに沿って考えてみると、生きる意味がかわってくるはずです。

不安対策をすればするほど、お金の奴隷になっていく

安心無事の人生を送るために受験して、家族を養うため、家や車のローンを払うため、教育費を稼ぐため、老後の不安対策のため……。

こうして働き続けた結果、人は「お金の奴隷」になります。

これは永遠にお金に縛られている人生だということに、気づいていますか？

ローンを返さなければいけない、子どもの学費を払わなければいけない、病気したときのために保険をかけなければいけない、老後のために貯金をしなければいけない……となると、生きる意味に疑問を感じることもなく、働き詰めの毎日を送るようになるのです。

世のお父さんたちは、月2万円のお小遣いのなかから、ときどき帰りに居酒屋で一杯ひっかけて帰るのが最高！　と自分に言い聞かせ、ボーナスが出たときはがんばって家族を旅行に連れていく。それ以上はお金の余裕はなく、日々、ストレスを抱えながら働き続けています。

これを幸せというのでしょうか？

人は愛でつくられています。

愛を感じるときにしか、幸せを感じないようにつくられています。

愛を体験したとき、人は深く感動し、生きているっていいなと思え、命がバイブレーションを起こす。それが命の仕組みです。

本当にやりたいことをやり、周りの人たちと関わり合いながら愛を育み、命を躍動させる生き方にこそ、本当の幸せがあり、豊かさが巡ってくるのです。

生きる目的を「生存」から「愛」にシフトしていきましょう。

そこに、あなたの求める本当の豊かさが存在しています。

悪い出来事ばかり起きている と思わせる世の中のトリック

あなたは毎日のようにテレビから流れてくる殺人事件、事故、テロ、戦争……などのニュースを見て、どんな気持ちになりますか？

「こんな怖い世の中で生きていくのは不安だなぁ～」と思うなら、あなたの生きる目的は「生存」になっています。

生存が生きる目的になっていると、これらのニュースを真に受けて、自分も巻き込まれないようにしなければ！　と社会に対して不信の目を向けるようになってしまいます。

でも、よく考えてみてください。日本には約1億3000万人の人がいますが、ニュースになるような出来事は、毎日数件程度です。となると、悪い出来事に遭遇する確率がどれくらい低いかわかりますか？

一方で、いいことを数えてみてください。

女子高生が電車のなかでおばあちゃんに席を譲った、○○さんがボランティアをして喜ばれた、△△さんがチケットを譲ってくれた……など、良心的で温かい出来事は日常にいっぱい転がっています。

マスコミは悪いニュースばかり流すので、まるで世の中は悪いことばかりがしょっちゅう起こっているように見えるけれど、いいことのほうがはるかに多いのです。

もしニュースがいいことばかりを伝えていたら、きっと「人間って、超～いい生き物だね！」って気持ちになるでしょう。

苦しんでも「生きている実感」を味わいたいのが人間

私たちはマスコミの報道を見て、「世間は怖い」「悪い人が世の中にはたくさんいる」と人に対して警戒心を抱きます。子どもにも「知らない人から声をかけられたら逃げなさい」と教えているのが現実です。

「人は怖い」という警戒心を抱いた子どもが大人になり、自分が親になればまた自分の子どもに同じことを繰り返し言う……。

こうして地球上に不安が蔓延《まんえん》していくのです。

人間の本質は、基本的に「善」です。人は愛でつくられているのですから、性善説しかありません。自然といいことをしたくなる、いいことをすると嬉しい、それが人間です。

そうは言っても、善良でないおこないをする人もいれば、不幸に巻き込まれる人もいます。

それは、命の仕組みが関係しています。

喜びや快感によって生きている実感が得られない場合は、人は痛みで実感するようにつくられているのです。

たとえば母親にいつも怒られてばかりいた、虐待されていた、愛を感じられずに育ったなどという場合、自虐的になって痛みをつくり「生きている」という経験、感覚を得ようとするのです。

優しくされるという経験ができなかった人は、奪われたり、叩かれたりすることで「生きている」という心地を味わおうとします。

つまり、プラスの経験ができないと、マイナスに傾いて「生きている実感」を得ようとする。これは避けられない人間の本能であり、仕組みです。

なぜ、マイナスの経験をしてでも「生きている実感」を味わいたいかというと、**命は停滞することが不可能につくられているからです。**

繰り返しますが、現状維持はありません。人はかわらないことは許されないのです。だから、「かわらない」ことを選んだ人は、病気や事故に遭ったり、トラブルを起こしたり事件に巻き込まれたりして、かわる羽目になるわけです。

そこまでしてでも「生きている実感」を味わいたいのが人間なのです。だったら、最初から「喜びや快感を味わおう！」と決めたほうがいいのではないでしょうか？

そう決めれば、不安は消え去り、生きる喜びを実感することができるのです。

心を動かす！
それが希望に向かって生きるということ

僕は中学校や高校で「いかに人生を楽しく、笑って幸せに生きるか」といったテーマで講演をすることもあります。

そんなとき僕は「大人ってね、大人ってね、大人ってね……」と話を引っ張って生徒の注目を集めたあと、「……めっちゃ楽しい！　最高だよ！　君たちも早く社会人になればいいのに」と満面の笑みで言います。

すると子どもたちはみんな、「あり得ない……」という顔をしますが、僕はすかさず言います。

「君たちは、いつも親や学校の先生を見ているから、しらけているんだろ。でもさ、自分が明るく生きれば楽しいわけよ。社会って面白いんだぞ。社会に出たら何をやってもいいんだよ。そのかわり、自己責任は取れよ。そしたら何をやってもいい。とにかく最高に面白いわけよ」

こんな内容の話をするのですが、僕がショックを受けるのは、その講演会のアンケート結果です。

子どもたちが書いた感想を見ると、「15年間生きていて、はじめて希望が大事だとわかりました」「希望を持っていいんですね」といった内容が多数あるのです。

本来、希望だけで生きているのが子どもなのに、その子どもたちからこのような感想が出るというのは、かなり深刻な状況です。

しかも、進学校に通う子どもほど重症。僕がふざけたことを言っても、笑わずまじめな顔をして、静かに聞いているのです。

一方、成績があまりふるわない学校ほど、イキイキと目を輝かせて聞いてくれます。

頭を使い過ぎた子どもたちは、16、17歳ですでに笑顔を失っている。

はたして彼らは幸せになれるでしょうか？

僕は、そう思いません。

なぜなら**笑うことは、人生のマナーだからです。**

「笑う門《かど》には福来たる」というように、笑顔のもとに幸せはやってきます。笑えない子どもたちは、ハッピーを見つけられないのです。

考えるほどにネガティブになるのが、人の仕組み

偏差値が高い学校ほど、子どもたちが病んでいるのはなぜか？

その理由は単純です。進学校の生徒たちは勉強ばかりしているので、心が使われず脳ばかり発達しているからです。

一方、落ちこぼれの学校の生徒たちは、ムダな知識を頭に詰め込んだりしていないので、心が生きています。

脳を使えば、ネガティブになる。

心を使えば、ポジティブになる。

人間とはそういう仕組みなので、考えれば考えるほど、ネガティブになると決まっています。

だったら勉強をしなくていいかというと、そうではありません。

まず「○○になりたい」「○○したい」という思い（心）があって、そのうえで知識を得ると、脳は思いの影響を受けて、ポジティブに機能を発揮します。知識を有効に活かせるようになるのです。

思いを持たずに頭だけで考えるからネガティブになるのであって、**心が動いている人が知識を使えば、自分の思いを実現し、周りを幸せにするために知識が使われるようになるのです。**

だから、僕は「思いの力」「好きの力」こそ大切だと教えています。

心が動くというのは、希望に向かって生きるということです。

そこには愛のエネルギーが巡るので、物質的にも精神的にも豊かな出来事が巡ってくるようになるのです。

「考える人」と「感じる人」では、脳の使い方が違う

心が動かず考えてばかりいる人と、思いを持って希望に生きている人では、脳の使われている場所が異なります。

前者は側頭葉《そくとうよう》、後者は前頭葉《ぜんとうよう》が働きます。

拙著『あなたのなかのやんちゃな神さまとつきあう法』にも書きましたが、そもそも地球というのは、神様がつくったアトラクションです。

宇宙は愛に満たされた完璧な場所です。愛しかない場所なので、言ってみれば〝幸せボケ〟をしている刺激のない毎日です。

そこで、愛以外とはどういうものかを知ることで、愛とはどういうものかを経験するために、波動を落として「物質世界」を創造しました。

それが男と女、光と闇、北と南、幸と不幸というように、「対」が存在する相対性の世界、地球です。

神様は、人間に感情をつくりました。

怒り、悲しみ、憎しみ、嫉妬などネガティブな感情は側頭葉を、楽しい、嬉しい、幸せなどポジティブな感情は前頭葉を使うというように、感情によって脳のどの部分を使うのかを決めました。

側頭葉というのは、生存本能に直結して危機管理能力を司り、いざというとき自分を守るために機能する動物的な部分です。

「考える人」は側頭葉を使っているので、常に不安対策をしてしまいます。

たとえば、受験をがんばろうと思っていても、「落ちたらどうしよう」と不安になりながら勉強すると、効率の悪い学習しかできません。その結果、本当に不合格になってしまいます。

一方、「あの学校に行って、サッカーをしたい!」というように希望にかえると、前頭葉にスイッチが入り、短時間でも効率のいい勉強ができるようになります。その結果、絶対無理だと言われていた学校に合格できたりします。

なぜ前頭葉のスイッチが入ると、不可能が可能になるのかというと、「感じる」ことにスイッチが入るからです。

私たちのパワーの源である生体エネルギーの心が動き、その人の可能性を十分に発揮することができるようになるのです。


人間が愛を感じるのも、前頭葉が機能しているときです。

頭で考え理解しようとしても「愛の世界」はわかりませんが、ただ「感じる」ことにシフトしていくと、愛が理解できるようになっていきます。

前頭葉が活性化してくると、これまで使っていた側頭葉はパワーを落として、考えることができなくなっていきます。すると、愛や希望があれば、不安や恐怖は存在しないことが理解できるようになります。お金も人間関係も健康も、愛で生きれば、何の心配も必要ないことがわかるのです。

「地球お化け屋敷」から脱出しよう

お化け屋敷って、お化けが偽物《にせもの》だとわかっていても怖いですよね。いつどこからお化けが出てくるかわからず、緊張感でいっぱいです。外に出てしまえば恐怖から解放されると知っているのに、いったんなかに入ってしまうと不安と恐怖に陥ってしまう。これがまさに地球です。

世界中の人は、不安と恐怖を体験できるアトラクション「地球お化け屋敷」のなかを歩いているようなものです。

自分は今、お化け屋敷のなかを歩いていることを自覚してください。

そこから出る鍵は「感じる」ことです。

「考える世界」から「感じる世界」にシフトするとき、今まで信じていた世界が消滅するように感じるため、誰もが恐怖を抱きます。

私たちは、お化け屋敷から出てしまえば「愛の世界」が待っていることを無意識に知っています。

でも、顕在《けんざい》意識では「お化け屋敷の世界」しか知らないので、そこから出たらどんな世界が待っているのかと思うと、恐ろしくてなかなか出ることができないのです。

お化け屋敷から出ない限り、愛は体験できません。

だから、今まで信じてきた世界はすべてムダだったと宣言する。自分に降参する。

その覚悟が決まった人から、「地球お化け屋敷」を抜け出して、「愛の世界」へとシフトできるようになるのです。

失敗を恐れる人は、自分を小さく見積もっている人

考えることばかりして側頭葉を活性化させていると、危機管理能力がどんどん強化されていきます。すると、「失敗はよくないこと」と考えるようになるので、失敗しないようにと無難な選択しかできなくなってしまいます。

僕は、沖縄と東京でゴルフ教室を開催しています。ゴルフは自分の思いがそのまま投影されるので、たとえド素人でも、結果を気にせず言われたことをそのままやる素直な人は、すぐに上達します。

でも、どんなにまっすぐボールを飛ばす方法を教えても、「ミスしないでまっすぐ飛びますように！」と必死になる人は、なかなかその通りにはなりません。

この思考パターンの人は、ゴルフに限らず、人生も「いかに失敗しないで生きるか」ばかりを考えます。

失敗を避けるように生きている人は、「受験に失敗しないように」「就職活動に失敗しないように」「会社で上司に怒られないように」「妻の機嫌を損ねないように」「安定した給料がもらえるように」……と、とにかく不安対策ばかりの「守りの人生」しか生きられません。そういう人は、少ないお給料でなんとかやりくりして、余ったお金で旅行をしたり、外食をしたりすることが、豊かだと思っています。

なぜ、そんなに自分を小さく見積もるのでしょうか？

私たちは神様の子です。楽しむために、幸せになるために生きているのに、人生、守りに入ってどうするのですか？

僕は何度失敗したっていいと思っています。いや、失敗すべきです。

人は失敗するから「このやり方だと、こういう結果になるんだな」「次は違うやり方でやってみよう」「今度はこの手を使ってみよう」と、どんどん人生が豊かになっていくのです。

人生はいつだって挑戦です。常にプレイヤーとして生きることが大切です。

そもそも、私たちは「体験する」ことを通して愛を知るために生まれてきました。

それなのに大半の人は、オーディエンス（観客）として生きています。プレイヤーとして活躍できるのは特別な人、才能がある人だけで、自分がプレイヤーになれると思っていないのです。

また実際のところ、今の経済学の観点から考えると、全員がプレイヤーになると、社会は成り立ちません。

たとえば、「野球選手になりたい！」という子どもたち全員が、野球選手になったとしたらどうなるでしょうか。「試合を観るより、自分でプレイしたほうが面白い！」という人ばかりになったら、どうなるでしょうか。

野球選手が多額の報酬をもらえるのは、年間１４０以上もの試合を観に球場を訪れる野球ファンの入場料と、グッズの売り上げなどが源泉としてあるからです。

けれども、もしみんなが野球選手になったり、自分がプレイすることに満足して、球場に行かなくなると、球団の収入源は激減しますから、選手への報酬は減り、選手は食べていけなくなります。

このように、今の経済の仕組みで考えている限り、プレイヤーになれる人はひと握りという社会構造は崩せません。

では、そうである限り、プレイヤーとして生きられないのでしょうか。

実はこれは社会構造の問題ではなく、個人の意識の問題なのです。

私たちは、大変な思いをしてプレイヤーになるよりも、オーディエンスになってプレイヤーを見ているほうが楽だと思っているのです。

グラウンドにあがってプレイするよりも、スタンドでビールを飲みながら応援しているほうが、気楽に楽しい時間が過ごせると思っているのです。

つまり、**多くの人が挑戦して失敗するよりも、プレイヤーを応援することで満足し、それで十分だと思っているのです。**

パトカーに乗せてもらって無事帰宅できた、小学生の智恵

僕は子どもの頃からやんちゃばかりしていました。〝やんちゃ話〟をはじめるときりが

ないのですが、そのなかのひとつを紹介します。

小学生の頃、近所の子どもたち7人くらいを集めて、親に内緒で自転車でやんばる（山《やん》原《ばる》地区）を目指したことがありました。那覇からやんばるまでは、約90キロ。高速道路を飛ばしても2時間弱かかる距離です。

最初は上機嫌でみんなでやんばるへと向かいましたが、思った以上に遠く、途中で引き返すことにしました。でも気がつけば日が暮れて、午後7時。友だちの一人は、門限を過ぎて帰ったらおやじに殺される、と泣きそうになっています。

そこで、僕はあることをひらめき、近くの交番に駆け込んで、おまわりさんに尋ねました。

「ここはどこですか？」

「嘉手納町《かでなちょう》だよ」

「那覇は遠いですか？」

「遠いよ。どうしたの？」

「サイクリングをしていたんですけど、道がわからなくなって帰れないんです……」

今にも泣き出しそうな顔をつくります。そして、わざと那覇と反対方向を指さして言いました。

「那覇はあっちですか？」

するとおまわりさんは土地勘もない子どもだと思って、慌てて言いました。

「ボク、違うよ。那覇は反対だよ。こんな遅い時間に小学生だけで那覇まで自転車で向かったら危ないから、パトカーに乗りなさい」

僕たちは、「ありがとうございます」と申し訳なさそうに言いました。

こうして7人は2台のパトカーに分乗して、トランクに自転車を載せてもらい、自宅まで送ってもらったのでした。

またあるときは、自分で組み立てた自転車でサイクリングに出たものの、10キロ先でタイヤのネジが外れてしまい、前輪を上げて引っ張りながら帰る羽目になったこともあります。

タイヤの外れた自転車を引っ張って、10キロ歩くのはかなり厳しい状況です。

でも、だからこそ「なぜタイヤが外れたんだろう……」と考えることができ、歩いて帰った足の痛みが僕を自転車に詳しくさせてくれました。

こういう経験があるからこそ、僕はどうすれば自転車を快適に維持できるのかを知っているのです。

人は失敗をすることで、失敗しないための工夫を編み出したり、知恵をしぼったりするのです。

こうした経験こそ、本当の意味で人を豊かにすると思いませんか?

生きるって、ある意味サバイバルです。

失敗を恐れなければ、「困る」という考え方にはなりません。違うやり方がある、もっと改善・工夫をしてみるなど、今の状況をなんとかしたいという思いが自分の幅を広げ、生きる力につながっていくのです。

プレイヤーになることをあきらめた人は、「何の才能もない自分には、しょせん無理なこと……」と、自分の可能性を低く見積もっている人です。

繰り返しますが、私たちは神様の子です。あらゆる経験を通して、自分の可能性をどこまでも追求できる人生のプレイヤーであるべきなのです。

まずはやってみる。それがプレイヤーとしての生き方

　失敗してもいいからやりなさいと言うと、「私には無理です！」「自分には向いてないから……」と言って尻込みする人がいますが、それは自分の可能性を狭めてしまうことです。僕からしてみると、せっかく体験の星、地球に生まれてきたのに、失敗を恐れて何もしないなんて、もったいないないな〜と思うのです。

　前にも話した通り、僕の家はかなりの貧乏でした。Tシャツ1枚、靴下1足さえ買ってもらえないという貧しい暮らしをしていたので、僕は小学生のときから新聞配達をしたり、瓶の回収をしたりと、常にアルバイトをしていました。

　あるときは、稼いだお金で3000円くらいの鳩を買ってきて、お金持ちの友だちの家で飼っている血統書つきの鳩と交配させ、〝筋〟のいい鳩を産ませて5万円の鳩にして

売ったりしたこともあります。

また、300円くらいの熱帯魚を少し大きく育てて1000円くらいで売り、その売り上げでまた300円くらいの熱帯魚を3匹買ってきて、また大きくして3匹で3000円で売り……。これを繰り返して最高で10万円くらいする高級稚魚を買ってきて育てて、20万円で売ったこともありました。

そんなことをしてお金を得ていたので、家は貧乏だったけれど、ほしい物は何でも手に入れていました。

大人顔負けの遊びを楽しんだ小学生時代

子どもの頃からガキ大将だった僕は、アルバイトで得た資金をもとに、近所の同級生や後輩など20人くらいを集めて、いろいろな遊びをしていました。

ときにはタクシー5台を呼び、みんなで沖釣りに行ったこともあります。

小学校高学年の子をグループのなかに一人ずつ混ぜ、低学年の面倒をみるようにまとめると、みんなで埠頭《ふとう》まで行って、船をチャーターして沖釣りをしたのです。

その際、釣竿なども、僕の稼いだお金で全員分買ってあげていたので、全員が自分の道具を持っていました。

ローラースケートが流行ったときも、みんなの分を買って技の習得に励んで遊んだり、自転車でツーリングするために、パーツを買ってきて自転車を組み立ててあげたりしていました。

そんなふうだから、お金はたくさん稼いでも1円も残りませんでした。みんなでお金を循環させて楽しんでいたのです。

ちなみに、僕のグループに入るには〝試験〟がありました。

当時、男は喧嘩が強くてナンボだと思っていたので、まず喧嘩の仕方を教えます。そしてかけっこを教え、バク転を教え、跳び箱を教える。全部できるようになるまでは大変だけれど、僕といるといろいろな体験ができるので、みんな面白くてついてくるのです。

そんなわけで、僕のグループの子はいつも体育の成績は5。運動会ではヒーローです。

どこかに投資家がいるのか？　と疑われるくらいに僕たちはいろいろな物を持っていた

のですが、僕はただ買ってあげるだけではありません。新聞配達を手伝わせたり、ほしい物を手に入れるためにはどうすればいいか、その方法も教えたりしていました。

今思えば、子どもの頃からすでに経営者であり、人生を教える塾の塾長でもあったのです。

できる、できないじゃなくて、やればいい！

僕は中学生になり、そのグループの運営は下級生に引きついだのですが、それから時が経ち、僕が26歳の頃のことです。

そのグループの最年少だった子が20歳になり、成人のお祝いをしようということで僕も誘われました。みんながどんなふうに成長しているのか楽しみでした。

会場となった居酒屋でみんなと乾杯をしたとき、突然僕の目の前に座っている同級生3人と後輩3人が、僕に喧嘩を売ってきました。

「幸政、お前を呼び出したのは、今日でケリをつけるためだ！　お前、だまってりゃ、俺たちが子どもだったからって、全員をコケにしてしごいて……。大人になったらいつかぶっ殺してやるって、みんな思ってたんだよ！」

僕が笑って、「そうなんだ、ごめん、ごめん」と言うと、彼らはマジギレして言いました。

「笑えねえんだよ〜！　もうガキじゃないんだ！　やるか？」

そこまで言われたら僕も本気になって「全員、表に出れや！」と言い放ちました。

そのときです。全員が爆笑しながら拍手をして、「幸政、やっぱりかわってないな！ジョークだよ。乾杯しよう」と言うのです。

状況が飲み込めないまま、改めてみんなと乾杯をすると、僕に喧嘩をふっかけてきた友だちが、目に涙をためてこう言いました。

「幸政、本当にありがとうな。お前のおかげで社会がたやすい。人生が生きやすい。俺らの仲間のルールが、今も生きる基準になっているんだ。だから営業をしても、何をしても一番。同僚には負けたことがないよ。

気がつくと、その部署でリーダー格になって、自分がみんなを引っ張っている。

幸政から『できる、できないじゃなくて、やればいい』って言われた言葉を、今も後輩に伝えているよ」

そして、今日はみんなで僕にお礼を言おうと決めていたそうです。

親から見れば、僕はいつもハラハラさせられる子どもだったかもしれません。でも、まずはやってみる。そうしなければ何もはじまりません。

そんなプレイヤーになる生き方こそ、人生を豊かにする生き方なのです。

親を切る。それができたとき、「自分」を生きはじめる

多くの人が不感症なのは、教育に原因があるということを話してきましたが、もうひとつの理由に「親切をしていない」ということが挙げられます。

「親切」とは、人に優しくすることではありません。

僕のセミナーに、子育ての基本である「生きる力を養う」ことを目的とした「親力《おやりょく》プログラム」というものがあります。そのなかで「親切」とは読んで字のごとく「親を切ること」と教えています。

親の価値観から、自分を切り離すのです。

なぜ、親を切らなければならないのかというと、**親の価値観のなかにいる限り、「自分」**

を生きられないからです。

人は、「愛されたい」という生理的欲求を持っています。生理的欲求ですから、食欲・睡眠欲・性欲と同じように、あって当たり前の欲求です。

この世に生まれ、お母さんを大好きになることで、誰もが「お母さんに愛されたい」という生理的欲求を持ちはじめます。

愛情たっぷりのお母さんに育てられた人は、お母さんに十分愛されることで生理的欲求を満たし、他人の目を気にすることなく、自分を信じて生きていくことができます。

でも、大半の子どもはそうではありません。というのも、お母さんにはそんな余裕はないからです。

「ただお母さんと一緒にいたい」という子どもの思いを理解することができず、お母さんは「子どもが言うことを聞かない」「泣きやまない」など、いつも子育てにイライラしているのが現状です。

子どもからすれば、大好きなお母さんに冷たくされることは、大失恋をしたようなものです。

このような体験から、**子どもは母親から認められる感覚がわからないまま大人になるの**

で、常に「他人から承認を得る」ことが、行動の動機になってしまいます。

その結果、「人にどう思われるか」ばかりを考えるようになります。そして自己不在になり、自分の思いを感じることができなくなっていくのです。

こうして「母親に愛されなかった」という思いが、不感症を生みます。

お母さんの価値観から離れて自分を生きる

この話を聞くと、「私もお母さんから愛されなかった……。だから不感症になったんだ」と思うかもしれません。

でも、それってフツーです。

あなただけが特別なわけではありません。

「愛されたい」という生理的欲求は、あって当然です。食欲がなくなったら、人は生きていけないのと同様、「愛されたい」という欲求は、人として根源的な欲求です。

愛されたいという欲求があるから、人は人と関わり、「愛」を知ることができるのです。

大切なのは、この**愛されたいという生理的欲求を、母親に求めないことです。**

母親から得られなくても、自分が自分を承認すればすむことです。

けれども、大半の人が「お母さんが認めてくれないから！」「お母さんが愛してくれなかったから！」といつまでもすねた状態で、大人になっているのです。

人間関係がうまくいかない人は、この「母親承認」に引っかかっている証拠です。

そこで、この「母親承認」から解放されるために「親切」をするのです。

私たちの価値観はどこからきたのかというと、お母さんからです。

子どもにとって、お母さんは神様のような存在です。自分の命を預けている人ですから、それはそれは多大な影響力を持つ存在です。

ですから無意識のうちにお母さんの価値観が自分の価値観になってしまうのは当然です。

「あんな母親と価値観が一緒のはずはない！」と思う人もいるかもしれませんが、お母さんの嫌いな部分と、好きな部分を書き出してみてください。

冷静に自分を観察すると、お母さんの嫌いな部分がそっくりそのまま自分に映し出されているはずです。

一方で、お母さんとは真逆の自分になっている人もいます。

たとえば、お母さんがおしゃべりでうるさい人だったのに、自分は無口、という人です。

これは反動価値といって、お母さんが嫌いだから自分はその逆を選択しただけのこと。

つまり、お母さんを意識した結果であり、「自分らしさ」ではありません。


いずれにせよ、**お母さんの好きな部分は受け取り、嫌いな部分は捨てればいいのです。そうするためにも、無意識にお母さんの価値観と重なっているところを自覚することが大切です。**

自分とはどういう人間かを改めて検証し、「お母さんと自分は違う」ということを、きちんと知る。そうすることで、はじめて「自分を生きる」ことができるのです。

「親切」をすると、やりたい仕事や生き方が見えてくる

「親切」をして、お母さんの価値観から自分を切り離してみると、本当に自分が好きなこと、ワクワクするものが見えてきます。そのうえで、自分の本質にふさわしい職業、天職が見つかれば最高です。

天職とは、魂がやりたいことですから、ワクワクしかありません。その仕事に関わる自分を誇らしく感じられることでしょう。

そんな天職を見つけたいと、誰もが思いますよね。

ところが、「親切」ができていないと、天職を勘違いしてしまうことがあるのです。

僕の秘書は、かつてキャビン・アテンダントをしていました。それは彼女が小さい頃か

ら望んでいた仕事だったので、毎日が楽しくて仕方なく、その優秀な働きぶりは会社に認められるほどでした。

後輩たちの人材育成をおこなう指導者としても活躍し、彼女自身はもちろん、誰もが天職だと認めていました。

人がうらやむような仕事に就き、自分自身もこんなに合っている仕事はないと思っていたのですが、ただひとつ、彼女のなかにどうしても満たされない思いがありました。

それは、「自分は何のために生きているのか」「自分が本当に満たされることは何なのか」という問いです。

その思いは消えず、彼女は〝自分探しの旅〟に迷い込み、さまざまなセミナーを渡り歩く〝セミナージプシー〟となりました。

そんな彼女があるとき僕の講演会に参加したとき、「いい魂に出会った！」と、心に火がついたのです。そして「私、この人についていく！」と思ったそうです。

その後、天職だと思っていたキャビン・アテンダントをすぐに辞め、僕のところに「仕事を手伝わせてください」ときてくれました。

僕は「給料はないよ」と言っているのに「いいです！」の一点張り。僕もその一途《いちず》さには驚きました。

でも、彼女の魂がとびきりワクワクしていたのを見て、彼女が探し求めていた「自分」をここで見つけられると確信しました。

今では彼女がいてくれることで、僕の仕事の幅が何倍にも大きくなり、僕が目指す環境を広げる仲間として、一緒に歩んでくれています。

彼女がなぜ、キャビン・アテンダントになったのかというと、子どもの頃に家族でヨーロッパ旅行をしたことに端を発します。

前にも述べたように裕福な家庭でしたが、彼女はいつも一人ぼっちでした。父親は仕事、母親も仕事と家事で忙しく、家庭内は殺伐《さつばつ》とした状態。笑顔も愛情も感じられず、寂しさでいっぱいだった彼女でしたが、ヨーロッパ旅行で母親の笑顔を見たのです。

いつも仕事と家事に追われてイライラしていた母親が、旅行では自由にのびのびと明るく楽しそうに過ごしている。そんな様子を見て、彼女は家族団らんのぬくもりを感じ、「幸せ＝旅行＝飛行機」と紐《ひも》づけられたのです。

だから、飛行機に乗ると気分が上がる。幸せはここにあると感じ、キャビン・アテンダントを志したのでした。

「愛されたい」という生理的欲求を母親に求めたまま大人になった彼女は、お母さんが笑顔を見せた旅行のイメージが強烈に残り、キャビン・アテンダントこそが天職だと思ったのです。

彼女は僕のところで一緒に仕事をしてくうちに、キャビン・アテンダントをしていたのは、自分の癒されない心があったからだと理解していきました。

癒されなかったのは、自分が本当に大切にしたいものに気づいていなかったからです。そして、「愛されなかった」というその思いに気づき、受け取ったとき、彼女の心は完全に癒されました。

いったん心が癒されると、キャビン・アテンダントに対する思いが一気に醒《さ》めたと言います。

「親切」をせず、自分はどういう人間で、どういう生き方をしたいかが見えていないままだと、天職を勘違いしてしまうこともあるのです。

あなたの今している仕事は、本当に「あなたが望む」仕事ですか？

「親切」をすることで、本当にやりたいこと、魂が望むことにたどり着けるはずです。

いろいろな世界を見た人ほど、謙虚になれる

「親切」はとても奥が深いので、すぐに本当の自分が望む「やりたいこと」にたどり着けるとは限りません。一度気づきがあると、芋づる式に解《と》けてくるのですが、とくに人生経験の浅い若いうちは、なかなか本当に自分が望むことにはたどり着けないかもしれません。


そんなときは、今やりたいこと、好きなことをとにかくやってみることです。

好きなことはかわっていいし、いろいろなことに挑戦して、いろんな世界を経験すればいいのです。


ひとつの世界しか知らない人は、謙虚になることができません。

たとえば、大学を卒業してそのまま学校の先生になった人は、社会を知りません。それでいて、社会へ羽ばたく子どもたちに、まるで社会の正解を教えるような態度で教えています。また、生え抜きの銀行員のなかには、お金を貸す商売をしている自分たちを、社会

で特別な立場だと勘違いしている人もいます。

僕は以前、銀行に行って「お金を貸してくれませんか？」と尋ねたことがあります。すると銀行員が「担保は？　保証人は？」と質問してくるので、「あなたからお金を借りるんじゃないよ。あなたの銀行からお金を借りるんだよ。なのに何で自分の金を貸しているみたいな態度なの？　しかも貸すお金はみんなの預貯金だよね。偉そうにするな」と言いました。

社会のエリートと呼ばれる人たちも、その世界しか知らないことで、たくさんの矛盾を抱えているのが現状です。

だから、若いうちにいろいろなものを見て経験し、社会には多様な環境や仕組みがあることや、さまざまな人たちがいることを知るべきです。

人はたくさんの価値観に触れることで謙虚になります。自分以外の世界を尊重できるようになるからです。

すると、知ったかぶりをしなくなる。知らないことを「知らない」と言えるようになる。物ごとをとらえる多様な物さしを持つようになるので、天職についたときも、決してうぬぼれることなく、その道を追求していくことができるようになるのです。

自我を持っている限り、真実は見えない

知らないことを「知らない」と素直に言える人は、自我を捨てて真実の世界で生きる覚悟ができた人です。

自我とは、4～5歳の頃に芽生える、利己的、自己中心的な性質のこと。「この飴玉は自分の！」と主張したり、「自分は悪くない！　悪いのはそっち！」と被害者になって責任転嫁をしはじめたりします。

これは、地球で生きていくために、誰もが一度は持つものです。

自我によって誰かのせいにすることで、自分に降りかかる苦しみや悲しみ、寂しさなどをダイレクトに受けずにすみ、また自己責任も引き受けずにすむので、ある意味、便利なアイテムなのです。

でも、**自我を持ったまま生きるということは、主体はいつも相手にあるということです。つまり相手や環境によって、常に自分が振り回されるということ。**

振り回されているから不安対策をするようになり、「いい大学に入って、いい就職先を見つけよう」「嫌な仕事でもお金を得るには我慢して働こう」「万が一のために保険に入っておこう」……そしていつの間にか「不安対策こそが人生でもっとも大切なこと」と思うようになるのです。

しかし、このような人生は、「愛の法則」に反しているので、必ず負けると決まっています。

たとえば、水の質量より重い鉄の塊は、水に浮くことができません。これは誰もが知っている真実です。

鉄でできた船が浮くのは、船のなかに空間がつくられているからであって、鉄の塊はどんなことをしても浮かないと決まっています。

それと同じで、愛が宇宙の法則である以上、愛を水にたとえると、質量が重いもの、つまり、愛に逆行している不安対策のような重い波動は、沈むと決まっているのです。

だったら、さっさと自我を超えて、「自分次第」で人生を彩り豊かなものにしていきませんか？

自我を超えて生まれかわり、愛そのものになる

僕は、自我を超えることを「生まれかわる」と表現しています。「利己的で身勝手な態度では通らない」「愛に反することは人生を複雑にする」という仕組みを理解し、生きる価値観をかえようと本気で思うと、人は生まれかわったようになるのです。

僕の生徒さんたちの多くは、自我を超えると、超える前とは別人のようになります。以前なら、やりたくないことを頼まれたら、内心嫌だな〜と思いながらも引き受けて不満をため込んでいた人が、笑顔で「できませ〜ん」とあっけらかんとして言います。やりたいことには、どんなに大金をはたいてでもワクワクしながら進む、そんな「自分次第」の人生を謳歌しています。

自我を超えると、主体が自分になるので、人に嫌われたくないという思いや、自分にウ

ソをついていい人ぶるということから卒業できるのです。

自我を超えるには、一度、自我をへし折られる必要があります。

ですから、本音でガツンと言ってくれる人が身近にいたら、その人を大事にすることです。

自我は、被害者になるのが得意。そのため、自分に都合の悪いことを言われると、非難されたように感じて、その人を除外しようとします。

でも本音で言ってくれるのは、その人から愛されている証拠です。その言葉を素直に受け入れて、今までの自分を改めようと覚悟ができたとき、自我を超えて、真実の世界、愛で循環する彩り豊かな世界に足を踏み入れることができるのです。

本気で言ってくれる友を持つためには、自分と相手を信じて、自分も本気で相手と関わることです。そういう相手は「神友」とも呼べる存在です。

第2チャクラが歪《ゆが》んでいる人は、お金が回らなくなる

「親切」ができていないと、本当の自分を生きられないと言いましたが、それはチャクラの歪みと関係しています。

チャクラとは、肉体にある生体エネルギーのターミナルとなっている部分です。物理的には身体が活性化するポイントとして、精神的には人間を成長させるシステムとして機能しています。

人間には、おもに7つのチャクラがあります。それぞれのチャクラには、人生の決まった時期に学ぶべきテーマが設定されており、その時期になると、時間のサイクルを数える染色体がそのときに学ぶテーマと連携して、細胞も活性化されていきます。

第1チャクラの学びは0〜7歳の時期に、第2チャクラの学びは8〜14歳の時期にとい

うふうに、その時期の学びに対して、敏感に染色体が反応する仕組みになっているのです。

7つのチャクラと学びの関係は次の通りです。

第1チャクラ　0〜7歳　集団の力――家族のなかで愛されることを学ぶ時期
第2チャクラ　8〜14歳　関係性の力―対象になるものとの間で関係性を学ぶ時期
第3チャクラ　15〜21歳　内面の力――反抗期を通し本当の自分の思いを取り戻す時期
第4チャクラ　22〜28歳　感情の力――物理的な力だけでなく精神的な力が使えるようにブリッジをかける時期
第5チャクラ　29〜35歳　意志の力――目的意識に目覚める時期
第6チャクラ　36〜42歳　知性の力――知恵を目的のために活かせるようになる時期
第7チャクラ　43〜49歳　本質の力――本当の自分を経験できる時期

なかでも、**お金、セックス、人間関係、パートナー、権力、地位、支配、嫉妬などのテーマは、第2チャクラの「関係性の力」に属します。**

これらは、対象がないと学べないものです。宇宙に自分一人しかいなければ、お金も権力も支配も嫉妬も必要ありませんが、地球上には対象が存在するので、これらを使ってどう関われればいいかを学ぶのです。

たとえば、人に対して自慢をするのも、威圧的になるのも、自分の正しさを主張するのも、権力を振りかざすのも、嫉妬をするのも、相手に認めてほしいからです。

感情を抑えてしまうのも、本音を言えないのも、緊張して自分らしく振る舞えないのも、相手によく思われたい気持ちが働くからです。

もし、「あなたのことが大好き」「一緒にいたい」「恥ずかしいな」「寂しいな」と、自分の本音をまっすぐ相手に伝えることができれば、ヘンに感情をねじ曲げる必要はありません。

でも、人は本音を伝えるなんて幼稚だ、格好悪いなどと思ってしまうので、大人ぶって素直に伝えることができないのです。

「関係性」に人は惑わされる

こうした関係性の基礎をつくるのは母親です。

先ほど「親切」のところでも話したように、子どもの頃、母親から十分に愛された感覚がないと、人は「あるがままでいたら好かれない。相手にふさわしい自分にならなければいけない」という思いを持ちはじめます。

この思いを持って成長すると、周りの目を気にするようになります。相手が自分をどう見るかばかり気にしているので、常に相手に合わせてしまい、自分に主体がありません。人といるとき、ありのままの自分ではいられないので疲れるようになり、人と関わることが面倒くさくなり、人間関係が苦手になっていきます。

関係性の力とは、自分と相手との間に関係性をつくらず、まっすぐ関わる力です。別の言い方をすると、いつも本音で関わるということです。

人と本音で関われないのは、「本音を言ったら嫌われるんじゃないか」と相手を気にするからです。「人間関係は煩《わずら》わしい」という前提があるので、問題を起こさないようにと常に自分を偽ってしまうのです。

しかも、本音を言わないので、相手は「あなたがどう思っているのか」という核心をつかめず、「わかりにくい人」と映ってしまいます。

しかし、相手にどう思われようと本音で関わることができれば、自分と相手との間の関係性は消えます。

僕が誰に対してもきついことを言えるのは、もし嫌われたとしても、魂の成長になるとその人を信頼し、自分を信頼しているからです。

きつい言葉も、愛から発する言葉であれば、いつかわかってくれるときがくる。そう信じているから言えるのです。

自分を信じている人は、人のことは気になりません。

第2チャクラが整っている人は、誰といても、どこにいても、どんな状況でも、自分を信じて自分らしく生きられます。

そういう人は「愛の法則」に沿って、自然とお金も回るようになるのです。

思いをストレートに伝えられたら、状況はどんどんひらかれる

僕は20代の頃に美容師をしていましたが、やるならとことん腕を磨きたいと思い、沖縄の美容師コンテストでチャンピオンがいる店を4軒、渡り歩きました。パーマ系、カット系、ブロー系など、それぞれの一流がいる店で働いて、修業を積みたいと思ったのです。

それらのお店は、どこも求人募集を出していませんでしたが、「働きたい」という思いだけで交渉に行ったのです。

そのなかの一軒の美容室に行ってオーナーに「就職させてください」とお願いすると「人手は足りているから、いらない」と言われました。

僕は「見る目がないんですか？　僕は2人分の働きをしますよ」と言い返しました。

「俺が言ったことを、聞いていたか？」とオーナーは怒って言います。

「聞こえていますよ。人手は足りているんですよね。ところで、僕が言ったことは聞いていましたか？　もう一度言います。見る目がないんですか？　僕、2人分働くよ。だから入社させたほうがいいですよ」

僕がそう言うと、「はぁ～!?　うちの店、求人出してないんだけど！」とキレたので、

「だったら、2人、首切ったらいいんですよ」と僕は言い返します。

「お前、バカなのか？」と呆《あき》れるオーナーに、僕はさらに言いました。

「いや、かなり正気です。2人分の売り上げを1人で出しますよ。3カ月無給で働くから、まずは僕を試してみてよ。それで、こいつ使えると思うなら、3カ月後から給料をください」

「いやいや、そんなうぬぼれたやつはいらない」

「僕、うぬぼれていません。すごく謙虚です。だって給料はいらないって言ってるんですよ。1週間だけ試してからやめさせたって、遅くないでしょ」

「じゃあ、明日からこい！」とオーナーが根負けしたので、僕は「はい、わかりまし

た！」と言って、そのお店で働き出したのです。

働きはじめて1カ月後、オーナーが僕に給料を渡そうとするので、「いりません。3カ月間は無給で働くと言ったので」と僕が断ると、「いいから取っておけ」とオーナーも引きません。

それならと、僕がお礼を言って給料を受け取ると、「就職していいよ」とオーナーが言いました。こうして僕はそのお店で正社員として働くことになりました。

僕は「思い」があれば、求人がなくても、どこででも働けると思っています。ですから同じような手で、ほかの3軒の美容室に就職して、スキルを磨くことができました。

こうして、僕自身も沖縄の美容師コンテストでは、いろんな部門でチャンピオンとなり、美容師として独立したのです。

思いがあれば、大口だって叩いていい！

僕は大学に入る際の面接でも大口を叩いて入学しました。

そもそも大学というものにあまり興味がなかったのですが、高校の先生が野球推薦で入るよう背中を押してくれたのです。

僕も大学ならまともな勉強ができるかもしれないと淡い期待を抱き、とりあえず面接に行ってみることにしました。

「まずは、俺を合格させて。入ってからが勝負だろ。大学の面接っていうのは、30年先を見越さなきゃダメだよ。僕が社会に出て30年後、日本を背負うような人間になっていたら、ここがあの人の母校かって言われるわけよ。僕は30年後、花開く自信がある。だから入学させたほうがいいいいよ。入学決定だな」

僕がそう言うと、「もう、いいから帰りなさい」と面接官に追い出されました。

ちょっと調子に乗りすぎたな、とは思いましたが、自分の思いを言ったまでです。

ところが、面接官のなかに大学野球部の監督がいて、僕の情熱を買ってくれて合格することができました。

自分の可能性を信じて、思いをまっすぐ伝えられたら、できないことはありません。思いを持っていても、それを素直にアピールできないのは、「大きなことを言って、それができなかったらどうしよう」と考えるからです。

アピールできないのは、やる前から保険をかけているようなものです。

できなかったら、「ごめん！　自分を過信していました！」「自分に対する見込みが大き過ぎました。すみません！」と言えばいいだけじゃないでしょうか？

これくらい気軽に生きていいのです。

「関係性」が消えると、周りにいっさい影響されないので、自分の思いに正直にまっすぐに生きられるようになります。

そしてたくさんチャレンジして失敗する。それが自分の可能性を広げていくことにつながるのです。

思いを100%保ち続ける。そうすれば、「不可能」は「可能」にかわる

求人を出していない美容室に就職した話をしましたが、実は、そこでの給料の額も自分で決めました。

僕は相手がオーナーだからといって、遠慮したりしません。

人間にはそもそも上も下もないのですから、言いたいことは言う。

「関係性」にとらわれていないと、本音をそのまま伝えられるのでしこりも残らず、いい関係がつくれるのです。

給料は勤続年数によって決められているとオーナーから説明があったので、「1年目で5年目の給料をもらえる方法はないんですか？」と、僕は聞きました。

すると、「バカか！　あるわけないだろ！」と怒られたので、「だったら、その方法をつくってくださいよ。こっちは子どもがいるので……。3年も4年もこんな給料じゃ、生活できんわけよ」と言いました。

事実、僕は20歳で結婚していたので、25歳のそのときは子どもが4人いたのです。

オーナーはまた呆れ果てて「バカにするな！」と怒鳴り、僕も「バカにするな！」と言い返しました。

「じゃあ聞くけど、個人の売り上げが50万円の人と１００万円の人とでも、給料は一緒なの？」

そう尋ねるとオーナーが「だったら、個人で30万円の売り上げを出したら、15万円の給料をやるよ」と言ったので、僕はすぐにそれを達成しました。そして就職して2カ月後に、12万円の給料が15万円になりました。

そこで「来年からは20万円もらいたい」とオーナーに交渉すると、「売り上げを80万円にしろ」と言われたので、僕はそれ以上の１００万円の結果を出して、翌年から20万円の給料をもらえるようになったのです。

「あり得ない」と言っている間は、「あり得ない」で終わる

同期生が13万円の給料をもらっていたときに、僕は20万円をもらい、同期生が15万円もらっていたときには、僕は25万円の給料をもらっていました。

美容業界ではあり得ないと言われましたが、僕に言わせれば「あり得る、あり得る〜！」。自分でその方法をつくり出せばいいんです。

そのかわり、休日も店に出て翌日の準備をしたり、定休日に友だちの髪の毛を切ってカットの練習をしたり、毛染めメーカーに行って試供品や在庫処分する毛染め剤をもらって毛染めの練習をしたり、使われなくなった旧シリーズのパーマ液をもらってパーマの練習をしたりしました（毛染めやパーマの練習をする際、毛染め剤やパーマ液は自腹で購入しなければなりません。そこでできるだけ安く、もしくはタダでそれらをもらって、たくさん練習できる方法を考えたわけです）。

こうして、僕は人の何倍ものトレーニングをしていました。そのおかげで、パーマやブロー、カット、カラーなどの技術を人より早く身につけて、人が3年かかってカットデ

ビューするところを、1年でデビューすることができたのです。

お金がなければ、ないなりの努力はできるはずです。やろうと思えば、いろいろな工夫を思いつくのです。

たしかに条件を考えるとほぼ不可能なことも、世の中にはたくさんあります。それでも、**「お金がないからできない」というのは、自分がそう決めているだけ。**

思いを100％保つ。そうやって思いを保ち続けていると、扉はひとつずつ開かれていきます。

すると、いつの間にか環境が整い、協力する人が現れ、どんどん思いを現実にする方向へ向かっていくのです。

自分に不信感を持てば、世の中すべてが不信になる

僕が就職した経緯や給料を決めた経緯を聞くと、大半の人は「私には無理」と思うかもしれません。でも、そう思ってしまう根底にあるものは、自己不信です。

自分に対する不信感があるので、相手も信じられないという前提で、相手と関わるようになってしまうのです。

たとえば、「うちの子は言うことを聞かないんです」「子どもの将来が心配で……」と悩むお母さんは、自分の子どもを疑っているということです。

もし「人は必ずよくなるようにできている」「いざというときは、ちゃんとできる」と思えたら、子どもを疑うことはありません。

それなのに、そう思えないのは、母親も自分自身のことを疑っているからです。

自分はろくでもないことをするし、どうせ何もできない……。そんなふうに自分に不信感を持っているから、子どものことも同じように疑っているのです。

　母親に不信感を持たれて育った子どもは、その結果、「自分はたいした人間じゃない」「自分のことなんて、どうせ誰もわかってくれない」と心の奥底で思うようになります。つまり、そういう前提で人と関わってしまう。母親に好かれようとして承認欲、支配欲、所有欲、嫉妬が深まり、それにからんだ権力やお金、セックスで問題が起こるようになっていきます。

　この社会自体、関係性の力が歪んでいるので、お金がある人が権力を握り、権力のある人は支配的なセックスをしているという、**「お金」と「権力」と「セックス」は切っても切り離せないものとなっているのです。**

「自分のことなんて、誰もわかってくれない」という前提を外す

「自分のことなんて、どうせ誰もわかってくれるはずがない」と思っている人は、自分や相手に対して不信感があると同時に、「自分はみんなとは違って特別につらかった。だか

らわかってもらえるわけがない」と思っています。

だから、誰かが「つらい思いをしたんだね。その気持ちわかるよ」と言ってくれても、「そんなに簡単に自分のことをわかるはずがない」と、なかなか心を開けないのです。

残念ながら、そう思っている限り、本当にあなたのことをわかってくれる人や、わかりたいと思ってくれる人が現れても、その人の存在が見えません。これはとてももったいない話です。

ですから、せめて心のなかでは「**自分はわかってもらえない」という前提を外して、ニュートラルにしておくべきです。**

ニュートラルな状態にしておくと、「もしかすると、わかってもらえるかもしれない」という思いが出てくるものです。そして実際に、わかってもらえる人が現れるようになるのです。

そうなるまでには、少し時間がかかるかもしれません。

たとえばスポーツなどで、無意識に滑らかに動けるほど身体に覚え込ませるには、相当な時間がかかりますね。それと同様に「わかってもらえるかもしれない」という思いが潜《せん》在《ざい》意識に定着するまでには、少し時間が必要です。

でも、「伝えればわかってもらえる」という経験を少しずつ積み重ねていくことで、「伝えればわかってもらえるかもしれない」「伝えれば必ずわかってもらえる」というふうに、心が変化していきます。そして「きっと自分を理解してもらえる」という前提で、コミュニケーションができるようになっていきます。

そうなると、相手を気にせず、本音を伝えられるようになり、人間関係もお金もパートナーシップもうまく回りはじめます。

これは第2チャクラが正常に働きだし、関係性の歪みが解消された証拠です。

「自分のことなんてわかってもらえない」という前提を外すために大切なポイントは、「考える」のではなく「感じる」こと。

「考える世界」でいくらあがいても、思考が堂々巡りをするだけですが、「自分は何をどう感じているのか」に集中していくと、「わかってもらえるかもしれない」と感じはじめます。そして気がつけば、関係性は幻だったと気づける日がくるのです。

「関係性」がなくなると、お金は友だちにかわる

関係性が消えると、お金とのつき合い方が変わります。

これまで、お金は人をおとしめるもの、支配するものだったのが一転、丁寧に優しく扱うものにかわります。まさに、お金は友だち。そんな感じです！

というのも、**第2チャクラの歪みがなくなり「関係性」が消えることで、お金が支配や権力につながるものではなく、人を豊かにするものであり、愛で循環していることが理解できるようになるからです。**

たとえば、はじめて会った相手と握手をするとき、乱暴に上から手をつかまれて「よろしくね」と言われたら、まるで相手が上、自分は下と感じてしまいますね。

でも、優しく握手をされると、対等で尊重されているように感じられるでしょう。

どちらの人と友だちになりたいかと言えば、後者です。

これは単純に気分の問題だけではなく、身体がわかっているということです。

身体は「どう扱われたら喜ぶか」を知っているので、手の握り方ひとつで相手を判別することができるのです。


では、これをお金に置きかえてみてください。

お金に対して「こんな少ないお金じゃ、何の足しにもならない！　この役立たずめ！」「節約生活でがっぽり貯金してやる」などと思って使うと、お金は居心地が悪くなって「早くこの人のもとから離れたい」と思います。

でも、「いつも私を支えてくれてありがとう。心置きなく活躍してね」という気持ちで使えば、お金は居心地がいいので「あなたについていきます！」と思って、また戻ってきてくれるのです。

「この人のそばにいると、なんか心地よくて、気高い気分になるわ～」とお金に思わせることができれば、お金は「一緒にいたいの～」とついてきてくれるのです。

お金の使い方は、命の使い方

お金も人と同様、マナーと礼儀を持ってつき合うべきものです。

人とのつき合いも、自分はどんな人間で、何をしたいのかが明確であるほど、相手の影響を受けず、自分を活かすことができます。

お金も同様、「自分はどんな人間か」という宣言のもとに使うべきです。

私はこういう人間で、こういう生き方をしたい。だから、お金をこんなふうに使いたいという自己宣言に基づいて、お金を使う。

これはまさに、**自分に与えられた命をどう使うか、命の使い方がお金の使い方にもなるということです。**

お金の使い方が命の使い方とつながっているとは思いもよらないかもしれませんが、つい翻弄《ほんろう》されてしまうお金だからこそ、そこに自分の生き方が投影されるのです。

日々、自分らしく生きることに集中し、愛に沿って生きている人は、自分の本質とつながります。

お金はその本質を活かしてくれるための存在であり、そういう生き方をしている人のもとへ、巡ってきてくれるのです。

性エネルギーを否定すると、人生すべてが歪んでいく

第2チャクラには、お金、セックス、人間関係、パートナー、権力、地位、支配、嫉妬などのテーマが属していると言いましたが、**「関係性」の根源的なエネルギーは、「性エネルギー」です。**

性エネルギーのなかに「生きるエネルギー」があります。

誰もがセックスを通してこの世に命を授かります。ということは、私たちの中心にあるのは性エネルギーです。生きるエネルギーは、性エネルギーのなかの一部に過ぎません。

つまり、性はすべてのエネルギーの大もとなのです。

もし「セックスはいやらしいもの」「女（男）はただの性欲の対象」などと思っているなら、それは性を否定しているということです。つまり自分のすべてを否定することにつ

ながるので、人間関係もお金も仕事も、すべてにおいて人生が歪んでいきます。

「性」という字は、「りっしんべん」に「生」と書きますが、このりっしんべんの2つの点は男と女を表しています。その真ん中に線を引くことで、男（陽）と女（陰）の調和を意味します。

つまり、**生きることに対する陰陽の調和こそ、性エネルギーなのです。**

では、セックスは本来何のためにあるのかというと、自分を知るためです。

本当のセックスとは、男女はひとつだと知ることです。

私たちは肉体を持つ前は、男も女もなくひとつ

性はすべての エネルギーの 大もと

でした。でも、相対性の地球に生まれるために、ひとつの光が2つに分かれて陰と陽、つまり男と女になりました。

男性と女性が求め合うのは、陰陽に分かれたことで欠けたエネルギーを補い、神様と同じ状態になるためです。

なのに、セックスをいやらしいものととらえてしまうと、純粋なエネルギーを感じられず、逆にエネルギーが消耗する一方です。

セックスの中心は「静」です。ぬくもりや体温、生命から流れているエネルギーを感じられるのは「静」、つまり止まっているときだけです。動いていると、刺激だけを感じて、生命に流れているものを感じることができません。

「静」の状態のときに意識が集中します。だから、激しい動きではなく、静を中心にしたセックスをしていくと、本当の感じる体験ができるのです。

「情緒が落ち着かない」ことは「お金の主」がいないこと

性の話がなぜお金とつながるのかというと、本当のセックスをすると「ひとつになる」

という心地や、「一緒」という意味がわかるので、第2チャクラの「関係性」が消えるからです。

情緒の「緒」はへその緒《お》の「緒」と同じ字ですが、胎児のときおなかのなかでお母さんとつながっていたへその緒は、誕生とともに切り離されます。

それがセックスによって「一緒（共感）」を経験し、「ひとつ」であることを思い出すので、再び情緒が落ち着くようになるのです。

つまり、**一度失った絆を、自分のなかに取り戻すということです。**

親から切り離されたものが、他人とではなく、自分とつながることで、自分との絆が結べるようになる。こうして関係性は消えるのです。

関係性にとらわれてしまうのは、絆を自分以外の人と結ぼうとしているからです。

他人と絆を結ぶことで、安堵感が得られると思っているのです。

でもそこに**関係性がある限り、相手の都合に合わせるので情緒は落ち着かず、自分がありません。**

「自分がない」ので、「お金の主」もいない。だから、たとえどんなに収入があっても、いずれ出ていってしまうのです。

「関係性」にとらわれている人は、人生が貧しくなる。
自分と絆を結べた人は、人生が豊かになる。

これは真理です。だから、「一緒」を経験することはとても尊いのです。

本当のセックスとは、「一緒」の心地や快感を経験できるものです。しかも、人間が持ち得るホルモンのなかでも、セックスによって分泌される快感のホルモンほど心身を満たすものはありません。

でも、性を否定する限り、その心地や快感を知ることはできません。

ちなみに、僕の言うセックスとは、挿入のことだけを言っているわけではありません。ハグやスキンシップ、共感し合うことなど、それらすべてがセックスです。

「一緒」を経験することがセックスなのです。

性を否定しなければ、セックスの経験があろうとなかろうと関係なく、「感じる世界」に行きやすい、つまり自愛にたどり着きやすいのです。

経済的な理由で離婚できないという女性は、「仕方ない風俗嬢」のようなもの

「離婚したいけれど、女手ひとつで子どもを大学まで育てあげる自信がない」と言って、嫌いな夫と仕方なく生活している女性がいます。

あえて厳しい言い方をすると、それは「仕方ない風俗嬢」のようなものです。

風俗を仕事にしている人たちの大半は、お金を得るために身体を張って仕事をしています。ほかの仕事でもいいのに、あえて腹を決めて、自らその仕事を選んでいるわけですから、そういう意味では誠実です。

ところが、本当は嫌だと思っているのに、夫婦だから仕方がないと身体を許して、嫌々ながら身体の関係を持ち続けている人は、「仕方ない風俗嬢」です。

離婚すると食べていけないからと、自分の心にウソをついて夫婦を続けているのですか

ら、それは不誠実です。

自分にウソをついて嫌いな相手と生活していたら、いつか身体を壊しますよ。自分のなかの女性性が「どうして自分を粗末に扱うの？」「どうして嫌いな相手に大事な自分の身体を触らせるの？」と怒るからです。

離婚となると、不安になる気持ちもあるでしょう。でも、嫌いな相手と一緒にいるよりは、パートで安月給をもらいながらボロアパートにでも住んだほうが、はるかに自由で幸せを感じられるのではないでしょうか？

もし子どもが大学に行きたいと言ったら、自分で行かせればいいのです。奨学金を借りて自分で学費を払ってでも学びたいという気持ちがあるならば、その通りに自分の将来を考え、人生を切り開いていくはずです。

大学で学びたいことは特にない、周りの人が行くから自分も進学するというような、それくらいの気持ちなら無理に大学に行かせる必要などありません。

そのメンツは、本当に必要か？

「親としては大学までは出てほしい」「大学を卒業するまでは親が学費を出してあげるのが当然」と思っているなら、それは子どものためではなく、自分のメンツのためです。

自分のメンツのために、「嫌いな夫と別れない」という選択をしているのです。

そこまでして、**なぜメンツを捨てられないかというと、関係性にとらわれているうえに、いまだに学歴社会が有効だと思っているからです。**

せめて大学くらいは出ないと働き先がない、いい人生は送れないと思っているので、口を開けば喧嘩しかしないような夫婦関係でも別れずにいるのです。

そのメンツ、本当に必要ですか？

学費を全部親が払うことは、本当に子どものためになるでしょうか？

「離婚したいのにできない」という人は、もう一度、自分が握りしめている価値観を見直してみてください。

性を否定した国が人口爆発を起こすのはなぜか？

性を否定する人は、不感症になり、自愛からかけ離れていくと言いましたが、実は、性の否定と世界で起きている人口爆発には、非常に密接な関係があります。

日本は少子高齢化社会に入り、人口は毎年減り続けていますが、地球全体で考えれば人口は増加しています。

地球の人口は、現在約74億人で、このまま増え続ければ、深刻な食糧問題、環境破壊、貧困化などが進むといわれています。

人口が爆発的に増えている国に共通していることは、国が性を否定していることです。

宗教による婚外セックスの禁止、女性は男性の所有物とされる宗教観、セックスは恥ずべきものとされる固定観念や女性軽視……。

先ほど第2チャクラが歪めば関係性の力も歪み、結果的に不安で支配されるようになると言いましたが、これは世界や国を動かしている権力者にしてみれば、とても好都合です。不安が蔓延すればするほど、権力を掌握《しょうあく》しやすくなるからです。

だからまずは女性の心を貧しくするために性を否定し、性的快楽を奪ったのです。

性を肯定している国は人口爆発を起こしていません。ゆるやかな人口増で、社会を保っています。

たとえば、フランスなどは家族団らんのテーブルの上に、セックストイやコンドームが普通に置いてあったりします。オシャレな雑貨屋のようなセックストイショップが街中にたくさんあって、女性一人でもアダルトグッズを買うことができます。

また、矛盾するようですが、性的快楽を求めることに抵抗がなければ、人は必死にセックスには励みません。というのも、いつでも好きなだけセックスできる人は、そこまでしたいとは思わないものだからです。

たとえば、いつでも好きなときに食べたいものを食べられるなら、今すぐ無理してでもそれを食べようと思いませんよね。でも、「食べてはいけません！」と言われたら、食べたくて仕方なくなるのが人間なのです。

セックスもそれと同じで、自由を与えられたら、セックスに明け暮れるのではなく、もっとほかにやりたいことや生きがいを見つけるようになるのです。

性を肯定している国は、このような仕組みを持って成り立っているのです。

「エロいね〜」と言われる人は、「感じるパワー」を持っている人で、第2チャクラの「関係性」の力が正しく生きている証拠です。

相手に対して、「一緒にいたい」「大好き」という愛着心にさえ火がつけば、次から次へと愛のスイッチが入っていきます。

ところが、結婚したらほかの人を好きになってはいけない、不倫をしてはいけないというルールを決めて、「それを守らなければ！」と頑《かたく》なになる人は、性欲を否定して、「感じる世界」には行かないと決めた人です。

言いかえれば、「一生涯、綺麗な花は見ない」と決めた人です。

家に一輪挿し（夫や妻）を置いているので、どんなに綺麗な花が咲いていても、「絶対に見ない！」という生き方をしているのです。

僕は不倫をすすめているわけではありません。**人が本来持っている「感じる力」を抑圧することで、人間の根本が歪められ、あらゆることにおいて不感症になっていくことの弊害を伝えているのです。**

セックスで得られる快感は、生きる喜びそのもの

もう少し言うと、「フリーセックスＯＫ」という国は、おそらく国民はみんな豊かで幸せになると、僕は思っています。

実際、日本も戦前まで、男の人が女の人のもとへ忍び込んで一夜をともにする「夜這《ば》い文化」がありましたし、江戸時代にはセックスの体位が描かれた春画を男女で楽しんだり、混浴も普通だったりなど、性に対して罪悪感や羞恥心がありませんでした。

性におおらかであると、嫉妬も所有欲も消えて、分かち合いがはじまるので、世の中は平和になっていくのです。

セックスで分泌されるホルモンは、人が深く感動したときに出てくる幸せホルモンと同

じで、それは「生きている」と感じるときに分泌されるホルモンです。

人は「生きている」ことを感じるために生まれてきているので、この快楽を一度知った人は、絶対にやめられないのです。

ただし、セックスに相手からの支配を感じると、性感帯にブロックが入ります。性感帯とはチャクラに直結してエネルギーが流れる場所です。

たとえば、好きでもない相手から執拗《しつよう》に迫られて、仕方なく身体の関係を持った場合、身体は支配の波動で違和感を持ちはじめます。そして「こういう関係を続けているのは、愛から離れた生き方をしているよ」ということで、不調をきたすなど身体に警告を発します。


一方で、「素敵だね」「美しい胸だね」と、愛おしい気持ちで胸を触られたりすると、胸は愛の波動を受けて、その波動をチャクラに注ぎます。「なんて気持ちがいいんだろう」と思うことで、女性ホルモンがどんどん分泌されて免疫力が高くなり、血行もよくなり、呼吸が深くなって、心身ともに健康になっていくのです。

これは人体機能や心の仕組みであり、科学の話です。それくらいはっきりとした目的のもとに人はつくられているのです。

それがわかれば、愛に沿った生き方をしたいと思うようになるのではないでしょうか？

愛でメシが食えるために

第2章◉まとめ

◎「考える」から「感じる」へ。
不感症でいる限り不安対策の人生を生きる

◎「生活の安定」ではなく「楽しむ」ために仕事をする人は、
お金を活かし巡らせることができる

◎プレイヤーとして生きる人は、どこまでも可能性を広げられる

◎親の価値観から離れられたとき、「自分」を生きはじめる

◎「関係性」にとらわれていることは、「お金の主」がいないこと

◎「性エネルギ」は生きるエネルギー。
性を否定する人は、お金も人生も貧しくなる

第3章

世の中の仕組みに巻き込まれるな

愛に基づく経済に目覚めたら、次元を超えた豊かさが得られる

お金は使えば使うほど、パワーを増していく

「お金は天下の回りもの」といわれるように、お金とは個人が所有するものではなく、社会に循環させるものです。

多くの人が「お金は個人が所有するもの」という考え方をした結果生まれたのが、今の社会の格差と経済の複雑さです。

たとえば、ホウレンソウがたくさん収穫できたからといって、来年までホウレンソウを保管することはできませんよね。来年には腐っています。ホウレンソウは腐るから保管できない、だからつくったときに売らなければいけません。

では、もしお金が腐るとしたら、みなさんは貯金するでしょうか？

今は銀行にお金を預けると利息がつくシステムです。

たくさん預ければ預けるほど利息がつくので、まとまったお金は銀行に置いておくほうがいいという発想になります。

ところが、預ければ預けるほどお金が減るというシステムだったらどうでしょう？

1億円預けても、使わなければ翌年には9000万円に減るというシステムだったら、誰もが減ってしまう1000万円を、1年間で使おうとしますよね。

こんなふうに「お金は腐る」「お金は減る」と思えば、みんながお金を回すようになるのです。

1万円から10万円の価値を生み出す方法

僕がなぜ、貯金せずお金を使うことをすすめるのかと言うと、**お金が滞《とどこお》って動かなくなると、社会のパワーもなくなるからです。**

たとえば、国に10万円の借金があるとします。その場合、10万円がないと借金は消えないというのが今の経済学ですが、実は1万円あれば10万円の借金を消すことができます。

どうするかというと、手もとの1万円を10人に循環させるのです。

たとえば、AさんがBさんに1万円を支払って食べ物を手に入れ、Bさんはその1万円でCさんから洋服を買います。Cさんはその1万円をDさんに支払ってセミナーを受けます。そしてDさんはEさんに……こんなふうにみんなが1万円を回していけば、10回循環させるだけで、1万円は10万円分の働きをします。

つまり、1万円が10万円のパワーを持つようになるのです。

お金は動いた数だけ、パワーが増していきます。循環すればするほどお金の出力はアップするのです。だからこそ、お金を止めないで動かさないといけないのです。

お金が常に循環している社会になれば、手もとにあるお金はわずかでも暮らしていけることがわかるようになります。

懐にたくさんお金を貯めておかなくても、循環させることでお金を生み出すことができるとわかれば、総資産額の多い人が豊かな人であるという認識は、まったく意味をなさないことがわかるでしょう。

みんなが愛に基づいてお金を回せば、今の半分以下のお金で世界経済は回るようになり

ます。

このように、お金の持つ本当の力を発揮させる社会にすることは、結果、みんながお金持ちになって豊かに暮らすことにつながるのです。

貯金する人は、豊かになりたいと思っていない人

お金は動かしてこそ、その機能性と力を発揮します。止めたり隠したりしていると、ただの紙切れに過ぎないからです。

先ほども言いましたが、もしお金が腐るようにできていたら、みんな慌ててお金を使うでしょう。

でも、実際はお金は腐りません。だからみんなが貯め込んでいる。その結果、お金の価値はどんどん下がっていくのです。

約50年前（昭和40年代はじめ）は、今の1万円は4万1千円くらいの価値があったそうです。ですから、10万円の月収があれば、十分に暮らすことができました。

ところが、今は月収を25万円くらいもらっていても、都会で暮らしていたら、毎月生活

するだけで精一杯です。貯金をする余裕なんてありません。

これはお金の価値が下がったためです。


たとえば、一人あたり月10万円で文化的な生活が手に入るとします。10人で1カ月生活するには、100万円のお金が流通していればいい。

では、一人が5万円を「隠す」とどうなるか？　毎月5万円が不足するので、生活するために5万円×10人分のお金を刷って回さなければならなくなります。

「隠す」を「貯金する」に言いかえると、日本中の国民が貯金に精を出しているので、流通するお金が少ないのが現状です。

すると、日本銀行はお金をさらに発行します。その結果、世の中全体にお金が増えて、お金の価値がどんどん下がるというわけです。

貯めるのではなく、巡らせる。これが豊かな人の発想

お金を貯め込むということは、自分も他人も未来も信用していないことの現れです。

お金を手放してしまったら、戻ってこないと思っているのです。でも、貯め込むことでお金の価値をなくしているのですから、それは本当に豊かになりたいと思っていない、とも言えます。

豊かな人は、お金は貯めなくても巡ってくることがわかっているので、貯金しようという発想がありません。

「そうは言っても、何かあったときのために貯金は必要でしょ」というのは、貧乏性ゆえの発想です。

貧乏人は、お金は巡ってくることがわからない。だから、お金を貯めなければと思うのですが、貯めているからお金はやってこない。これが真実です。

税金は罰金!?
国を豊かにするための「投資」という考え方へ

お金は循環させるほどパワーを持つと言いましたが、この考え方で納税のあり方を考えると、税金を喜んで払う人があまりいないのは、税金の考え方自体が「愛の法則」に反しているからです。まるで国が面倒をみてやっているのだから、お金を納めるのが当たり前だ、と言わんばかりの態度です。

国民が汗水流して稼いだお金から支払っている税金なのに、なぜ国は「払うのが当たり前」とまるで上から目線の態度なのでしょうか?

税金を「罰金」という言葉にかえてみてください。

物を買ったら罰金（消費税）、会社をつくったら罰金（法人税）、土地に住んだら罰金（住民税）、家を購入したら罰金（固定資産税）……。

傲慢な態度で強制的に取られるのですから、国民からしたら罰金です。まるで悪いことをしたからお金を払いなさい、と言われているようなものです。

もし、納税が国民の義務だというのであれば、僕は「税金」ではなく「投資」にしてほしいと思います。国民が投資家になるのです。

投資と考えたら、国をよくするため、幸せを追求するために、みんなで国づくりに参加しようという意識にかわるのではないでしょうか。少なくとも、お仕着せの税制より、もっと建設的で自発的なシステムになると思います。

投資ですから、投資した分だけ国民にメリットがあります。それがリアルに実感できれば、国民は貯金などせずにどんどん投資しよう、という発想になるわけです。

銀行でド素人の銀行員にお金を預け、よくわからないところにお金を回されるよりは、「国に預けて着実にいい環境をつくるために使ってもらおう。そのほうが自分たちも幸せになる」と思えたら、国民全体の国家への投資額は相当なものになるはずです。

もちろん投資ですから元金はいつでも戻る、払った分の投資は全額戻るようにしておきます。

貸したのだから、返してもらう。これは「借りたお金は返す」という実にシンプルな仕組みです。

不感症の国民は何に投資すればいいのか？

国は税金という名目で当たり前のようにお金を取っていきますが、いったい誰に頼まれて国をつくっているのでしょうか？　僕たちは頼んだ覚えはありません。

幕府が「政府」という名前にかわっただけで、当時の地主と小作人の関係と、何のかわりもない、そんなことを今も続けているのです。

なぜそんなことがまかり通るのかというと、国民があまりにも不感症だからです。

税制に何の疑いも持たず、「そういうものだから仕方がない」と思っているからです。

おまけに、税金を管理している人も、いい大学に入るために勉強し過ぎて「感じる心」を持たない人たちです。

本当の豊かさを手に入れたいと思うのであれば、まず私たち一人ひとりが意識をかえなければいけません。

そこでぜひ知っておいてほしいのが、「実体経済」という言葉です。一般的に、実体経済とは商品やサービスの需要と供給に関わる「物」を中心にとらえた経済のことをさしますが、厳密に言えば、本当に必要なものだけを売買することが「実体経済」と定義することもできます。

この前提で世の中を見ていくと、実体経済ではないものだらけです。

たとえば、1枚1000円で買えるTシャツも、有名人のサインが入ると1枚1万円になったりします。この1万円のTシャツを売買することは、実体経済ではありません。その人にとっては価値のあるものですが、それがなくても人は生きていけるからです。

お米や塩の売買は実体経済です。日本人にとってお米は栄養学的にも必要ですし、塩が不足すると死んでしまうからです。でも砂糖がなくても人は死にませんから、砂糖の売買は実体経済ではないのです。

ここまで厳密にする必要はありませんが、「何に投資するのか」と考えたとき、「本当に必要なものか」と考えることは大切です。

「命のために必要なものか」「魂の成長のために必要か」という視点で考えられるようになれば、私たちは本当の意味で実体経済に投資し、そうでない物にはお金を投資しないという社会をつくることができます。

これが「愛」に基づいた投資です。愛がわかれば、ダイヤモンドはただの石ころになるのです。

みんなで国づくりに参加して、自分たちで幸せと豊かさをつくっていく。そんな社会になれば、国はどんどん豊かになっていくはずです。

人を怠惰にさせる投資があふれている

テレビをつけると、バラエティ番組や誰と誰が不倫したといったゴシップネタで持ちきりです。ときにはお笑い番組が気持ちを明るくしてくれることもありますが、人が生きる意味を考えたら、それだけでいいはずがありません。

でも、そんなことを考える人はほとんどいないので、テレビを見てキャーキャー笑っているだけ。そしてそういう番組のスポンサーは、何億円という広告宣伝費を投資して、国民の意識を怠惰に、低俗にしています。

厳しい言い方をすると、企業はくだらない人間をつくるためにお金を投資しているのです。

もちろん、テレビ番組のなかにはとても素晴らしいものもあります。ひとつの仕事を極めるために努力するドキュメンタリー番組や、復興していく人間のたくましさを描く番組などは、「こんな生き方をしたいね」「こんな人間になりたいね」「こんなふうに熱く生きたいね」と見る者を感動させます。

もし、このような精神性を高める番組に投資するスポンサーがもっと増えたら、私たちの意識はどんどんかわっていくはずです。

魂の成長のために必要なことは何か、愛に基づいた考え方とは何か、それを考えて投資することは、投資家の責任ではないでしょうか。

人を育てるのは国と企業、そして一人ひとりの意識

魂を成長させるために、社会がもっと投資するようになれば、雇用のあり方もかわります。

今、日本の雇用対策は人材派遣会社の役割が大きくなりましたが、人材派遣業が発展しているのは日本だけって知っていますか？　世界の常識で見ると、人材派遣会社を利用するのは決して主流ではありません。

雇用する企業側にとっては募集の手間が省けますし、雇用される側にとっては就職先を探す手間が省けるので、需要と供給の関係で成り立ってはいます。

でもなぜ、海外では発展していかないのでしょう?

海外の場合は、どうしても人を集めなければならないという最終手段でしか人材派遣会社を使いません。

なぜなら、「人材派遣会社を使わなければ、人が集まらない企業」、つまりよっぽど人気がない、力のない企業だと判断されるからです。

「人は宝」です。人材育成に投資するのが企業の大きな役割であるはずです。それなのに、人材派遣会社を利用するということは、人を育てる気がない、人へ投資する気がないと思われても仕方ありません。

ここ最近、コンビニエンスストアの店員に驚くほど外国人が増えましたが、それも安い賃金で働いてくれる人ほどいい、というお金第一主義に立っているからです。

中国のことわざに「魚を与えるのではなく、魚の釣り方を教えよ」というものがあります。空腹の人に魚を与えても食べれば終わりですが、魚の釣り方を教えれば、自分の力で魚をつかまえて食べられるようになるという意味です。

雇用対策も同じで、「就職先がありますよ」とただ働き先を与えるだけでは、少しでもいいお給料の就職先を選び、そこが嫌になれば、また就職先を与えてもらうということの繰り返しです。

国も企業も発展していくために、まず「人を育てる」という考え方に立てば、人は生きがいとなる仕事を見つけるでしょう。そして、どんな状況になっても自分の足で立ち上がる力をつけることができます。


冒頭でも言いましたが、経済の語源となっている「経国済民」「経世済民」の意味は、物を与えたり恵んだりするのではなく、尊厳を取り戻させて自ら立ち上がる力を奮起させ、救済することです。

もし世の経営者が「救済」の意味を本当に理解したならば、社員は間違いなく自らの力で成長し、企業も国も発展していくでしょう。


国をつくっているのは人です。だから国も企業も、どんな人を育てればいいのかを考えなければいけません。

考える力もなくバラエティ番組ばかり見て、生きがいも見つけられない状態でいいはずがないのです。

これは国や企業に任せきりにするのではなく、私たち一人ひとりが主体性を持って考えていくべきことです。

「経営」と「運営」の両方の視点を持つ企業は発展する

発展する企業は、人を大切にするという共通点があります。そのような企業は「経営」と「運営」の意味をちゃんと理解しています。

「経営」とは人を見るもの。そこで働く人をいかに幸せにするか、社会をいかに幸せにするかと、「幸せ」を中心に会社のあり方を考えるものです。

一方、**「運営」とはお金や実績を見るもの。**どれくらい売り上げがあって、効率的に生産性を上げるにはどうしたらいいのかと、「数字」を中心に会社のあり方を考えるものです。

僕が接してきた限り、「経営」をしているのは会長が多く、ほとんどの社長は「運営」をしています。

本来、社長職につく者は、運営と経営の両方の視点を持つべきです。

しかし、ほとんどの社長は経営に興味がありません。売り上げや、会社の資産などお金にとらわれているので、社員や社会の幸せにまで視野を広げることができないのです。

ところが、社長を退き会長になると、実績ばかり追求してきた罪悪感からか、「今までやってきたことは、果たして社員を幸せにしたのか」「社会に貢献できたのか」という思いが湧き出てくるのでしょう。社会と会社の未来のために、経営を考えるようになるのです。

僕が言いたいのは、どちらがいい悪いではなく、どちらの視点も取り入れることが重要だということです。

社長がどんなにがんばっても、会社が発展しない理由

また、会社経営でよくありがちなのが、副社長や専務など二番手、三番手が、社長と違う意識で働いているということです。

社長がどんなに情熱を持ってがんばっていても、社長の意思が二番手、三番手にちゃんと伝わっていなければ、会社の将来性はなくなります。

たいていは、社長が１００度の情熱で伝えたことは、副社長で50度になり、専務で30度に下がるという具合です。

社長が30のヒントを与えると、副社長で70になり、専務で１００になるような会社でなければ会社は発展していきません。

言いかえれば、**会社に愛がない人たちが取締役になると、会社は間違いなく衰退していきます。**

僕は社会人になって働きはじめた当初、７社ほどクビになりました。なぜそんなにもクビになったのかというと、入社初日に社長に向かって、

「社長って頭が悪いから、こういうお金の使い方をしているの？」

「社長、経営と運営の違いわかる？　最初から勉強して社長をやり直したほうがいいよ」

などと言ったからです。本当にそう思ったから言ったまでですが、そこでもし社長が「あ、俺は何もわからないのかもしれない」と思い、聴く耳を持てば、かわれたはずです。

しかし「貴様のような新人に言われたくない！　クビだ！」と言うので、僕は入社４時間でクビになるということを繰り返しました（笑）。

今でも、ときどき企業の社長から相談を受けコンサルティングをしますが、僕の話を素直に聞いてくれる社長の会社はちゃんと発展していきます。

人材育成も会社のビジョンも、すべて愛に基づけば、うまく回っていくのです。

愛でこそ、食えるんです！

肥満の人は愛がない!? コストパフォーマンスのいい経済学とは

幸せで豊かな社会をつくっていくには、自愛が欠かせません。**自分を大切にしたい、自分に丁寧でありたい、そんな一人ひとりの意識が、社会に優しい経済を生み出します。**

僕のセミナーや講演会でよく話すネタをひとつ例にとると、「あなたのウエストは、あなただけのものですか？」とみんなに問いかけることがあります。

すると、ちょっと太めの人は、「金城先生、意地悪〜」という顔をするのですが、これ、他人ごとではありません。

なぜなら、ある程度の肥満という領域に入った人は、普通の人が生涯かかるコストに対して、ざっと見積もっても1億円は余計に費用がかかるからです。太っているだけで、そうでない人よりも1億円もお金が必要だということです。

どういうことかというと、食費はもちろんですが、汗をかきやすいので洗濯量が増えて水道料金も上がる、洋服や靴の消耗が激しいので、すぐ買い直さなければいけない、病気になりやすいので医療費もかかる……などさまざまな出費が想像できます。

もし地球人全員が肥満になったと仮定してください。すると、座るスペースを広く取らなければならないので、電車を一回り大きくしなければならない。エレベーターに乗り切れないので、何往復も稼働しなければならない……。

こんなふうに、太るだけで、電気代、ガス代、水道代、食事代、原材料代など、あらゆるものが倍増するわけです。この効率の悪さは想像を絶します。そしてそれは地球に優しくはありません。

肉と野菜。コスパがいいのはどっち?

スリムだからと安心していたあなた。もしお肉が好きならちょっと考えてみてください。牛を一頭飼って育てるのに、広い土地と、牛のエサになる草が必要になります。土地とエサ代にお金がかかる割には、牛一頭からの肉はわずか数百人分しか取れません。しかも1日と経たずに消費されてしまいます。

一方、同じ広さの土地で野菜をつくったとします。すると、何千人もの人に何日間にもわたって供給することができます。

肉と野菜。どちらが効率のいい食生活か、わかりますよね？

そもそも農耕民族である日本人と、狩猟民族である西洋人では、身体のつくりが違います。

狩猟民族は、動物性たんぱく質を分解する酵素を持っていますが、農耕民族の日本人の多くは、肉を食べてもなかなか消化吸収できません。

また、農耕民族は昔から山を大切にし、自然の動植物を養い、川の環境を保ち、畑が毎年豊作になるように願い、自然とともに暮らしていました。自然にさからっては生きられないことを学んできたのが農耕民族です。

土地の神様に感謝をし、土地を活かし、土地に生かされるなかで、自然を学び、感謝を学び、豊穣を分かち合ってきました。

このように、日本人と西洋人では、身体のつくりも違えば、文化も違います。

本来、西洋人の食生活や健康学は日本人には合わないのに、それらを取り入れて不健康になった挙げ句、病気になって医療費を使っているのです。

この現実が、本当にコストパフォーマンスのいい経済だと言えるでしょうか？

肥満があるとき、そこに愛はない。愛があるとき、そこに肥満はない

僕は肉を食べてはいけない、と言いたいのではありません。ときどきは美味しくいただいてもいい。ただ、食べ過ぎるのはよくないと言っているだけです。

砂糖でも塩でも何でも、少なければ栄養となっても摂り過ぎは毒になります。だったら、お肉をいつもより減らして、野菜を増やしてみてはどうでしょうか？

それだけで、自然に優しい生活をしながら、生活にかかるコストを減らし、健康になって医療費も抑えられます。

もし国民一人あたり年間5000円でも医療費が下がれば、国家予算もかわります。

1億3000万人がこの意識を持つだけで、莫大なお金が生まれ、そして使われ方もかわるのです。

経済をかえるなんて、自分一人の力でできるわけがないと思っているかもしれませんが、目の前の健康管理をちょっと意識するだけでいいのです。

セレブになって美味しいワインとA5ランクの牛肉のステーキを食べるのもいいですが、「それが金持ちの証《あかし》」と思っているなら、決して豊かになれません。豊かさの本質を履き違えているからです。

たくさん消費して、不健康になっていく生き方から、身体に優しい食生活をして健康に生きる。これは、自分の身体や生き方に対する愛、思いやりです。

実際に、愛と肥満には密接な関係があります。

「肥満があるとき、そこに愛はない。愛があるとき、そこに肥満はない」のです。

人は愛がないと、愛を埋めるために食べ過ぎてしまいます。だから、僕は愛とともに食べることを伝えています。

「ホウレンソウちゃん、かわいいね〜。いただきます」と野菜と会話をしながら食べたり、一緒に食事をする人たちと、お皿を回してみんなで少しずつ分け合って、美味しさを共感します。

すると、今までおなかいっぱい食べていた人も、腹七分目で満腹になります。

大事なのは、「食べる量」ではなく、「愛の量」。

そこに愛があるかないか、です。

生産者への感謝にはじまり、流通への感謝、そしてつくってくれた人への感謝など、幸せを感じる食事であるべきです。

そういう食事をすれば、食費や医療費も減り、経済もかわるでしょう。

不摂生している人と、健康管理をしている人。医療費が同じって不公平！

愛があれば医療費が削減されることは間違いありませんが、愛を基準に考えると、みなさんが毎月支払っている医療保険制度に不公平感が生まれます。

そのことを理解するために、「平等」と「公平」という言葉について考えてみましょう。

「平等」と「公平」は似たような言葉ですが、実はまったく違います。

平等は、すべてのものに対して同じ条件を与えること。

公平は、違いを知って、条件をかえて与えることです。

たとえば、125キロの人が「最近、3キロのダイエットに成功したの」と言ったら、「どこが痩せたの?」と思いませんか？ 125キロが122キロになっても、違いがわかりません。

では、48キロの人が3キロのダイエットに成功したと言ったら、どうでしょうか？　48キロが45キロになったのですから、相当痩せたということがわかります。

つまり、一律3キロ痩せたというのが平等。でも、125キロの人と48キロの人は同じダイエットといっても平等にははかれないので、公平が登場するわけです。

公平に見ると、48キロに対しての3キロというのは、全体の約6％にあたります。125キロの人で考えれば約7キロに該当します。

ですから125キロの人は7キロ、48キロの人は3キロのダイエットに成功してはじめて、公平だと言えるのです。

こういうふうに、物ごとには平等にはかる物さしと、公平にはかる物さしが存在しています。

そのことを踏まえて、日本の医療保険制度について考えてみます。

今、**医療保険制度で支払う額は収入によって段階的に異なりますが、公平という意味で考えると、かなり不公平です。**

なぜなら、収入の問題だけではかれないからです。

人間には、生まれつき健康に恵まれない人もいれば、一生懸命に健康管理をしてめったに病院のお世話にならない人もいます。暴飲暴食・睡眠不足などの不摂生をして健康を害する人もいます。

これらの人が同額というのは、よく考えるとおかしくないでしょうか？

みなさんが支払っている国民健康保険料を平均すると、だいたい年間50～100万円くらいになります。1回も病院を使わなかったとしてもです。

収入に占める割合からすると、かなりの高額なお金を支払っているわけですが、実はその約70％が医療機関の運営に使われています。

今や2人に1人ががんになる時代といわれていますが、高齢化社会が続くようになると、その数はどんどん増えていくでしょう。そうなると、医師や看護師の数を増やさなければなりませんし、設備投資も必要となります。つまり、医療費はいくらあっても足りないのが現状です。

自愛があれば、医療費は少なくなる

この状況に打つ手はないとあきらめますか?

僕は公平性を保つことで、医療費を減らすことができると思います。

たとえば、1年間病院に行かず国民健康保険を使わなければ、支払い金額を90%に減額、3年間病院に行かなければ50%、5年間行かなければ、保険料は0円という仕組みにするのです。

しかも、「健康5年達成キャンペーン」ということで、保険料として預けた5年分のお金が還付されるというプレゼントつき。

健康を維持した人は、このお金で家族旅行を楽しんでください、ということになれば、みなさん健康になるために努力すると思いませんか?

科学は発展し医療は進んでいるのに、病気は増え続け、医療費も増え続けている。これは国民一人ひとりが健康管理しないことの結果です。

しかし、**健康に生きる方法をみんなが実践すれば、そもそも国民健康保険というものは**

必要のないシステムです。

国というのは、国民の安全、教育、健康を守る義務があります。だから私たちは保険料を払っています。それなのに、保険制度を精査したり監査したりする人が厳密に言えば存在しないのが現状です。

だったら、自分たちで自分の健康管理をしませんか？　一人ひとりが現実を知り、「自分はどう生きるか」に気づくことで、個人で改善できることはたくさんあるのです。

健康になって医療費にお金がかからなくなれば、支払うお金も少なくなり、もっと余裕を持って毎日を楽しむことができるようになります。

これを夢のような戯言《たわごと》だと思いますか？

国のせいにして文句を言うのもいいですが、**今の社会をつくっているのは私たち一人ひとりの意識です。**

自愛を持つ人が増えれば、今後、病院を利用する人は減っていくでしょう。

だからこそ、意識改革が重要です。みんなの意識が「病気」から「健康」に移れば、僕が提案するような社会も夢ではありません。

「上医」は国を医し、「中医」は人を医し、「下医」は病を医す

中国には昔から「上医は国を医し、中医は人を医し、下医は病を医す」という言葉があります。

上医とは、国を診《み》る医者。つまり、その人を取り囲む環境や文化、地域性、さらには政治などが病気をつくりあげたのではないかと、俯瞰《ふかん》する視野を持って病気を診る医者のこと。

中医とは、病気の人を診る医者。つまり、その人の生活習慣や生き方、性格などが病気をつくったのではないかと、人を診察する医者のこと。

そして下医とは、単に病気だけを診る医者のことです。

上医が偉くて、下医がダメという意味ではありません。医者の持つ役割が違うということ

とです。

ただし、下医から見て中医は理解できず、中医から見ると上医は理解できないので、正確に言えば、それぞれが役割を認識しているとは言えないのが実際のところです。

「上医」の視点を持てば、国はかわる

実は、この上医、中医、下医の役割を理解することは、経済問題と直結しています。

今、日本は国家予算の3分の1が医療費です。そして、そのほとんどが「下医」の領域、つまり病気をどうやって治すかという対症療法に使われています。

健康になるために投資しているのではなく、病気対策のために投資しているわけですから、病気がなくならない限り、医療費は膨《ふく》らみ続けることが決まっています。

そんな状態を打開するために必要なのが、**人はどうして病気をつくるのか、という「中医」の発想です。**

「病気にならない身体になろう」という方向で生きるようになれば、一人ひとりの健康に

対する意識も高まり、病院に通う人も減るでしょう。

さらに、「上医」の視点に立てれば、もっともっと医療に頼らない暮らしが可能になります。

一人ひとりがどういう視点を持つかで、私たちの未来はかわるのです。

自愛を持って生きる人には、介護施設に頼らない老後が待っている

医療のなかでも介護にかかる費用は大きな問題です。

現代は、孤独死問題が深刻な社会問題として、たびたびメディアにも取りあげられるようになりました。

誰にもみとられずに、自宅でひっそりと死ぬよりは、病院で手厚い看護を受け、パートナーや子どもたち、孫などに囲まれながら死にたい……。そう考える人は多いかもしれません。

多くの国民が老後にそういうイメージを持っていると、孤独死するお年寄りを少なくするために、介護施設を増やしていく方向で税金が使われていくでしょう。高齢化がどんどん進んでいるにもかかわらず、です。

でも、昔から人は自宅で死んでいました。しかし今は年寄りが自宅で一人で死ぬと、孤独死と騒ぎ立て、たとえ安らかな死を迎えた人でも、〝孤独死扱い〟となってしまうのです。

海外を見てみると、日本のような介護施設はほとんどありません。

寝たきりになったお年寄りに、一から十まで介護者が手を差し伸べたり、物を食べられなくなった人に対して、点滴や胃ろうで延命措置をおこなうようなことはしません。

ほとんどが在宅介護のサービスで、自助努力による介護が基本です。無理な延命などせずに自然に死を迎えることが、高齢者の尊厳を保つという考え方に立っているので、日本のように延命のために莫大な医療費を使うことはありません。

では、延命した人としなかった人とを比べてどれくらい寿命が延びているのかというと、約4年間です。

ただし、そのうちの3年間は寝たきりです。

寝たきりということは、自由に動けませんから、動ける寿命をただ1年延ばすためだけに、莫大な医療費をかけていると言えます。

今、日本の医療費は毎年膨らみ続けており、それは未来の子どもたちへの負債となることを忘れないでください。

死ぬときになって、いきなり命の尊厳ですか!?

では、高齢者の命はどうなってもいいのか？　という声があがりそうですが、考えてみてください。これまでの人生、自分の命を信頼して生きてきたと言えるでしょうか？　親子間の確執や人間関係のトラブル、仕事の失敗など、すべては命のはからいによって起こることなのに、誰かや何かのせいにして生きてきてはいないでしょうか？

自分と向き合おうとせず、自愛のない生き方に毎日を費やしてきたのに、いざ病気になったら1年が惜しいと言う。それまでの生き方に尊厳などないのに、死を前にしたらいきなり命の尊厳を持ち出す。しかも孤独死はしたくない。そんなことでいいのでしょうか？

普段から自愛を持って、尊厳ある生き方をしていれば、家族や周りの人があなたを放っておくはずがありません。

信頼関係が築かれていれば、どれだけ迷惑をかけようと、相手は迷惑だとは受けとめません。むしろ喜んでお世話したくなるでしょう。

自愛を持った生き方には、そんな老後が待っているはずです。

日常を大切に生きてください。

病院で手厚い看護を受け、税金を使って財政を圧迫するような生き方ではなく、自愛のもとに命を輝かせて生きてください。

一人ひとりがそんな生き方ができれば、介護施設などに頼らない社会になるのです。

AIの発展で雇用がなくなることは、本当に脅威なのか？

ＡＩ（人工知能）の目まぐるしい発展が叫ばれている現代ですが、実際のところ、かなりのレベルまできています。たとえば、ＡＩを備えた義手をはめて、その義手と脳の神経細胞をつなぐと、自分が思った通りに義手が動くなど、機械と人間の差はどんどんなくなってきています。

これらの技術はビジネスに積極的に導入されていて、10〜20年後には労働人口の約50％が、ＡＩやロボットで代替可能というデータも発表されています。

実際、日本のコンビニエンスストアでも、無人レジの導入を試験的にはじめることになりました。スマホアプリを使い、選んだ商品のバーコードを読み取るだけで、支払いが完了するという仕組みです。

お客さんがレジに並ぶことがなくなるので、コンビニやスーパーで働く人は、商品を棚に並べたり管理するだけになります。そうなると、おそらく今の3分の1のスタッフがいれば成り立つでしょう。

こんなふうに、**AIやコンピューターが発展していくにしたがって、人が働く場所がどんどんなくなっていくこともわかってきています。**

AIという今後確実に発展していく技術と、その一方で、働く場所が減少している現実。この狭間《はざま》に立たされ、国は打つ手がなく非常に困っています。でも今の経済システムを継続している限り、厳しい時代がくるのは目に見えています。

「働かなければ生きていけない」というのは思い込み

打開策は、人の生活水準を落とすことです。

今、東京都の平均年収は605万円（2016年厚生労働省のデータをもとに算出）、月収にすると50万円だそうです。これが月収20万円あれば暮らせる社会になれば、お給料が少なくてもいいわけです。

お給料が少なくても暮らせるとなると、週休3日制にも4日制にもできて、自由時間が増えてきます。

つまり、**「人は働かなければ生きていけない」という思い込みをやめれば、「機械がやってくれるから遊んでおこう」と思えるようになるのです。**

「そんな呑気《のんき》な暮らしが成り立つわけないだろう」と思いますか？

実は、生活のためにお金がかかるのは、おもにエネルギーです。電気、ガス、水道、ガソリン、電気、工場の機械を動かすための燃料……。エネルギーがタダになれば、これらにかかるお金は必要なくなります。

今、私たちはエネルギーをおもに石油に頼っていますが、近い将来、半永久的に発電できるフリーエネルギーが出てくるでしょう。そうなれば、少ない収入で豊かに暮らせる時代がやってくるのです。

「ニハチの法則」にだまされるな。「力なき8割」の人間など存在しない

「ニハチの法則（20対80の法則）」という言葉を知っていますか？　全体の2割が全体の8割を生み出すという理論で、経済学や社会学を学んだ人なら一度は耳にしたことがあるでしょう。

仮にミツバチが10万匹で巣を維持しているとしましょう。すると2割にあたる2万匹の働き蜂だけが女王蜂を守ったり、蜜を集めたり、幼虫を育てたりするなどして働き、残りの8割の蜂は働かないという構造です。

人間の社会構造もこれと同じだと説く人たちがたくさんいます。「会社の売り上げは、全社員の2割が生み出している」「売り上げの80％は、全顧客のトップ20％が生み出す」などなど……。

これはまさしく社会のトリックです。権力者は、人間の世界もミツバチの世界と同じ構造で成り立っていると思い込ませているに過ぎません。

社会で活躍できるのは2割の人たちだけで、残りの8割の人はあくせく働くだけの働き蜂か、働かずに夢もなくフラフラしている蜂でいいと思い込ませて、自尊心を失わせているのです。

この「ニハチの法則」を使った社会のトリックはまだまだあります。

ミツバチの巣に天敵がやってきたとき、普段は働かない8割の蜂が先頭に立って、天敵から巣を守るために戦います。8割の蜂が命をかけて戦うことによって女王蜂は助かるという、蜂の「役割分担」の構造です。

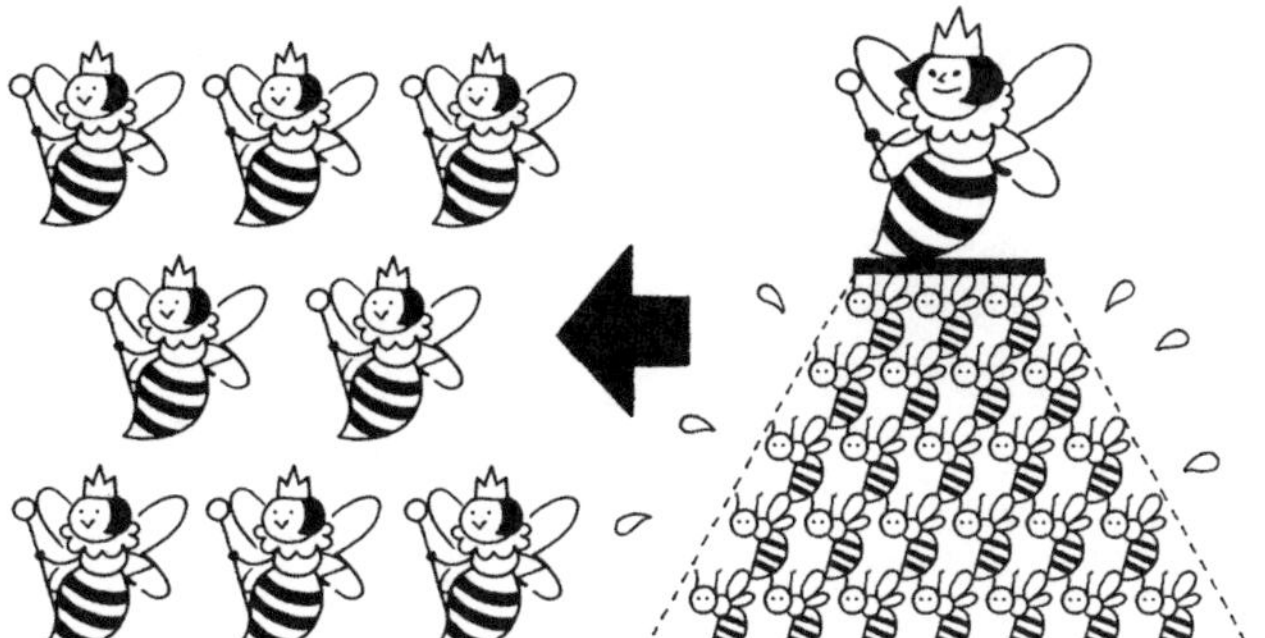

人は誰もが女王蜂

この構造を利用して、権力者はヒエラルキーをつくり出しました。
「女王蜂」＝力があり、多くの犠牲の上に存在できる特別な存在
「8割の蜂」＝力がなく、他者のために犠牲にされる存在
つまり、力があるものは厚遇されて生き残り、力がないものは最初に切り捨てられるという構造です。
これはまるで、権力者たちが、「位の高い俺たちがいい生活をするために、位の低い人たちは犠牲になってもいい」と言っているのを平気で許しているようなもので、それが今の社会の仕組みなのです。

みんなが女王蜂として生きる。それが尊厳ある生き方になる

8割の蜂が天敵と戦うのは、決して「力がない」ためでも「犠牲にされても仕方ない存在」だからでもありません。

巣を守るために貢献したいという真心と愛からです。

「弱い者は強い者の犠牲になる」という弱肉強食の理論は、本来、命を守るという愛に基

づいています。

その解釈をすりかえ、競争社会に取り入れてヒエラルキーをつくり出したのは人間なのです。


でも、僕は思います。

人間は、誰もが女王蜂じゃないの？　と。

正確に言えば、誰かの犠牲の上にある女王蜂ではなく、愛そのものに生きる女王蜂です。

自分が女王蜂であることに気づけば、もっと尊厳を持ち、自分を幸せに大切にする生き方を選ぶのではないでしょうか。

自分らしく生きられないと思っているのは、力がないからではありません。自分が女王蜂だと気づいていないだけです。

私たちは誰もが女王蜂として輝く存在です。一人ひとりが女王蜂として生きることで、社会は劇的にかわっていくのです。

価値観を転換すれば、お金の呪縛から解放される

本当に豊かな暮らしとは何か、それを世界中に訴えたのがウルグアイのホセ・ムヒカ前大統領です。

2012年6月、ブラジルで開催された国連主催の環境会議でおこなった伝説のスピーチで一躍有名になりました。少し長くなりますが、一部抜粋してみます。

＝＝＝＝＝＝＝＝＝＝＝＝＝＝＝＝＝＝＝＝＝＝＝＝＝＝＝＝＝＝＝＝＝＝＝＝

私たちは発展するためにこの地球上にやってきたのではありません。幸せになるためにこの地球にやってきたのです。人生は短くあっという間です。しかしその人生こそが何より価値あるものなのです。

余計な物を買うためにもっともっと働いて、人生をすり減らしているのは、消費が「社会のモーターとなっているから」です。消費が止まれば経済がマヒしてしまい、経済がマヒすれば不況というお化けが我々の目の前に姿を現します。

しかし、今この行き過ぎた消費主義こそが地球を傷つけ、さらなる消費を促しています。商品の寿命を縮め、できるだけ多く売ろうとする。今の社会は、1000時間もつような電球はつくってはいけないのです。

本当は、10万時間、20万時間ももつ電球はあるのに、そんな物はつくらない。なぜなら我々はもっと働き、もっと売るために「使い捨て文明」を支える悪循環の中にいるからです。これは政治問題です。

(中略) かつての賢人たち。エピクロスやセネカ、そしてアイマラ族たちは次のように言っています。

「貧しい人とは少ししか物を持っていない人ではなく、もっともっといくらあっても満足しない人のことだ」

大切なのは「考え方」。だからこそ、この会議に出席し国家指導者としてみなさんとともに努力したいのです。

私の発言はみなさんを怒らせるかもしれないが、気づかないといけない。「水問題」や「環境の危機」が本質ではなく、見直すべきは我々が築いてきた文明の在り方であり、我々の生き方。

なぜそう思うか。

私は環境に恵まれた小さな国の代表です。人口は320万人。けれど世界でもっとも美味しい牛が1300万頭。すばらしい羊が1000万頭。食べ物、乳製品、そして肉の輸出国です。国土の90%が有効に使えるほど豊かな国なのです。

だから、かつて8時間労働から6時間労働を勝ち取った人もいます。

しかし、そうなったら2つ仕事をするようになりました。

なぜか？　たくさんの支払いがあるからです。

私のようなリウマチ持ちの老人になって人生が終わってしまう。そして自分に問いかけるのです。

これが私の一生だったのかと。

私が言っているのは基本的なことです。

発展は「人類の幸せ」「愛」「子育て」「友だちを持つこと」。そして「必要最低限の物で満足する」ためにあるべきものなのです。

それらこそが一番の大事な宝物なのだから。

破綻が見えている経済のシステムにいつまで頼るのか

ムヒカ前大統領のスピーチは、消費社会への警告です。

私たちに豊かになる力がないのではなく、私たちを豊かにさせないシステムがある、それが現実なのです。

誰もがそれを疑問に思わないのは、国民の多くが目の前の子どもを育て、住宅ローンを払うことに必死だからです。

「自分のことで精一杯なのに、世界の経済システムを考えて何になるの?」とみんなが思っている。目の前のことしか考えられないので、社会を改革しようとしない。だから自分も豊かになれないのです。

実際、アマゾン流域に住む人たちは、お金をほとんど必要としません。ジャングルのなかで過ごしていればお店もないので、お金を使うところもありません。

ところが、経済市場主義のなかで生きている私たちは、「働かなくても生きていける」という発想ができません。

働かないと生きていけないと、思い込んでいる。だから働くことが前提の社会しか考えられないのです。

今の経済や社会の枠組みで考えると、ただの戯言にしか感じられないかもしれません。でも、すべての価値が転換し、今までとは違う価値観で考えられるようになれたとき、お金から解放される世の中がくるのです。

マーケットをつくっているのは、私たちだ！

私たちが何を大事にするか、何を手に入れたいかによって、マーケット（市場）はかわっていきます。みなさんがどこのスーパーで何を選んで何を買うか、それが実際のマーケットをつくっているのです。

たとえば、食べ物には気を遣《つか》いたいと思うと、砂糖たっぷりのパンケーキを食べるために2時間並ぶようなことはやめて、浮いたお金で多少高くても無農薬野菜を購入するようになります。

お肉を買うにしても、安いからといってホルモン剤がたっぷり使われているような安い肉を選ぶのではなく、安全で身体に優しい肉を提供している生産者を調べて購入します。

このように、たくさんの人がそういう意識になれば、身体によくない食べ物の需要はどんどん減っていくでしょう。

身体の調子が悪くなったといって、すぐにドラッグストアに薬を買いに行くのではなく、まず体調管理に努めてゆっくり休む。それだけで薬の需要は減り、マーケットも縮小していきます。**みんなの意識がマーケットをつくっているのです。**

世界経済に大きな影響力を持つのは女性

もっと言うと、マーケットの行方を握っているのは女性です。

家や車など大きな買い物をするとき、最終決定はほぼ女性です。奥さんが「うん、買おう」と言わないと、世の旦那さんたちは買えません。

当然ながら、日常の食品、化粧品、洋服、雑貨など、これらの消費の中心も女性です。

こんなふうに消費の8割は女性が握っているといわれている世の中で、何を指針にして選ぶのか。それは女性の意識にかかっているのです。

みなさんは、なんとなくスーパーやお店に足を運んでいるかもしれませんが、実は、みんながそこに行くからお店が儲かる。つまり、**消費者である一人ひとりが経営を成り立た**

せ、マーケットをつくっているということです。

ちなみに世界は今、一触即発、戦争になりかねない状態です。みんなが不安になり自国を守るために武器が必要だということになると、その裏で武器をつくっている会社が儲かります。

つまり、みんなの不安が戦争を呼び寄せていると言えます。

表だって公表されてはいませんが、みなさんもよく知っているような日本の大企業も武器製造に関わっています。そのことを知らずに、その企業の製品やサービスを買ってしまうと、どんなに平和な社会がいいと願っていても、気づかぬうちに武器製造に投資していることになるのです。

そう考えると、**マーケットを生んでいるのは、国や偉い人たちではなく末端の私たちです。**企業の経営者の戦略や、投資家たちの動きよりも前に、私たちの意識が社会を動かしているのです。

そのことに気づくことができれば、よりよいマーケットをつくるのもそう難しいことではありません。

愛を持って、自分の仕事をどれくらい語れますか？

私たちの意識がマーケットをつくると言いましたが、安い物に飛びつくという消費行動は定価を崩し、マーケットの質を悪くしてしまいます。

「ＳＡＬＥ！」「今だけお得なキャンペーン！」などという文字に踊らされ、たいしてほしいわけでもないのに、ただ安いからと買ってしまう。そんな人も少なくないと思います。

愛を基本に考えるのなら、定価は崩してはいけません。

なぜなら、会社は商品を製造する工場、サービスを提供するシステム、原材料を育てる自然環境など、商品やサービスを提供するために必要なさまざまな物を、維持し活かしていくために、定価として最終価格を決定しているからです。

もしこの定価が崩れると、流通も滞り、生産が落ち込み、社員の給料も下がり、資源のもととなる環境も守れなくなります。その結果、会社内に不満が出はじめ、商品の質が悪くなり、商品も十分に提供できないという悪循環が生まれてしまうのです。

商品というのは、環境を守る人の愛、それをつくる人の愛、その商品をお客さんに提供したいと思う人の愛でつくられています。

それらの愛の積み重ねで、商品はさらに力を発揮していくのです。

商品がいいと、それを売る営業マンにも熱が入ります。

僕はサラリーマン時代に、日本一の営業成績を何度も取りました。誰よりもその商品を愛しているから、商品を紹介するプレゼンテーションに情熱が入るのです。

そう考えると、**商品に惚れ込んでいる人が営業マンになれば、その会社の売り上げは伸び、そのマーケットを支えることにもなるのです。**

プレゼン力は、愛の力

僕は19歳のときに、住み込みで富士登山を案内する「剛力《ごうりき》」という仕事をしたことがありました。

富士山に登頂した人ならわかると思いますが、富士山級の山は足への負担が大きいうえに、3000メートルを超えたあたりから酸欠になって倒れる人が続出します。

剛力は1シーズンで約600人を案内するのですが、僕は12〜85歳までの人を全員、山頂まで登らせました。10名中3〜4人は脱落して山頂まで行けないのが普通ですが、僕と行くと100%山頂まで行けるのです。

なぜだと思いますか?

それは、プレゼン力です。

僕は登頂を目指す人たちに向かって、スタート前にこう言います。

「山頂で見る景色は、7合目、8合目で見る景色とはわけが違いますよ。なんと! 朝日が足もとから上がるんです。

8合目では目線の高さからしか太陽は上がりませんが、山頂では太陽がはるか下から上がってくるんです。太陽を見下ろす日の出が見られるんです。

夜になれば東京、神奈川、千葉の三大夜景が足もとに見えます。さらに雲海が広がると、雲の上を歩いているような幻想的な気分になります。

こうして山頂の鳥居をくぐった瞬間、ここまで来てよかったなと、間違いなく確信しますよ！」

するとと全員が「がんばれたら登る」とか「無理そうならあきらめる」という選択肢を捨てて、「絶対に山頂にたどり着く」という決意を持って、山頂だけを見るようになるのです。「絶対に山頂に行く！」と目標を定めるので、どうすれば山頂に行けるかしか考えません。だから、誰もが山頂まで登れるようになるのです。

もし、こんなふうに情熱を持って自分の仕事や扱っている商品を人に伝えられたら、定価を崩す必要はありません。プレゼンされた側はそこに「高価」を見出し、値段に関係なく買いたくなるからです。

このように**人を動かすプレゼン力の源にあるのは、自分が携わっている仕事や商品に対する深い愛です。**深い愛が情熱を持って相手に伝わり、そのマーケットを活性化させることができるのです。

みんなは「愛でメシが食えるわけない」と言いますが、「愛でこそ食える」のです。こんな世の中になれば、社会全体に豊かさが巡り出すはずです。

愛でメシが食えるために

第3章◉まとめ

◎貯金をすることは、自分も他人も未来も信じていないこと

◎自分が何にお金を使うかで、環境や国をかえることができる

◎「経営（人）」と「運営（お金）」を見られる企業は発展する

◎「働かなければ生きていけない」という前提を外す

◎愛を持って動ける人は、人を動かし、物の価値を動かし経済も動かせる

第4章

真のお金持ちは、お金を生み出す

尊いものを生み出す——それが新しい価値観

神様にお願いしても叶わないのは、自分の本質を知らないから

神社に参拝するときは、神様の通り道である参道の真ん中を避け、拝殿の前では二礼二拍手のあと、住所、氏名、生年月日を言ってから、

「いい仕事に就けますように」

「お金で困ることなく生活できますように」

「商売繁盛しますように」

などと願いごとを唱えて一礼をする……。

神様に敬意を表すための細かい参拝マナーはいっぱいあります。では、このマナーを守らなかったら、神様は願いごとを聞いてくれないと思いますか？

そう思うのなら、〝お母さんレベル〟の神様にお願いしていることと同じです。

〝お母さんレベル〟の神様とは、言うことを聞かなかったら罰を与える、マナー違反をしたら怒る……そんなレベルです。

たとえば3歳くらいの女の子が「神様、ママが元気になれますように」と真剣な気持ちで祈ったとします。そのとき、二礼二拍手一礼をしなかったからといって、神様はその子の願いを無視すると思いますか？

神様はその子のまっすぐな目を見て、純粋な気持ちを汲み取り、「わかったよ。叶えてあげよう」と言うのではないでしょうか。


僕はめったに神社には行きませんが、縁あって参拝させていただくときは、必ず参道の真ん中を歩きます。参道の真ん中はいちばんエネルギーが通っているので、そのエネルギーと共鳴することで、大きなパワーが入るからです。

先日、スタッフと一緒に神社に参拝したときのことです。スタッフも僕のあとについて参道の真ん中を歩いてきたので、僕はみんなの後ろにまわり、背中からパワーを入れました。

すると、本殿から出るエネルギーが、スタッフたちを貫通して充電していきました。

神様はそんな僕を見て、皮肉な表情をしながらも愛嬌《あいきょう》のある口調で言いました。

「こんなに偉そうに真ん中を堂々と歩いて本殿に向かってくる人はいないよ」

「だって、自分たちも神様だからね」と僕は言い、笑い合いました。

自分の本質を知れば、豊かさを感じられる

神様はケチではありません。人の無知も含めて、すべてを受け入れてくれる愛のバイブレーションを持つ存在です。「お前はマナーがなってないから、願いを叶えてやらない」なんていう心の狭い存在ではないのです。

神様からすると「いいエネルギーをたくさん持って帰りなさい。このエネルギーで幸せになりなさい」という感覚です。

だから、神社に行ったら感謝やお願いごとをするよりも、「ここにある全部のパワーを、僕に背負わせてよ。ここで祈った人の思いを、僕が全部叶えるから」と言うほうが、どれだけのパワーをもらえるかわかりません。

けれども、みんなは逆のことをしています。ここだけの話ですが、お祈りをして自分の思いを神様に預けると、自分が空っぽになるので逆にエネルギーが弱くなっていくのです。

神社に行ったとき、「自分以外の存在がある」と考えているなら間違いです。

神社の本殿には鏡がありますが、なぜあるのかというと、そこに自分の本質を映し出して、自分を確認するためです。

つまり、神社とは自分を映し出す場所です。神様がいてパワーがもらえる場所ではありません。

ですから、**普段から自分の本質を知り、自分はどんな人間なのかを知っている人は、わざわざ神社に行く必要はありません。**本質を生きる自分の美しさを知っていれば、いちいち鏡を見て確認することはないのです。

神社に参拝しても願いが叶わないのは、自分を知らないからです。

自分の本質を知り、自分らしく生きること。そこに愛のバイブレーションが共鳴し、はじめて豊かさを感じることができるのです。

愛を施《ほどこ》された記憶の証明書——それがお金の役割

もし、この世が100%愛だけで成立するとしたら、お金は必要ありません。

では、お金はなぜ生まれたのでしょうか？

そもそもお金とは、お互いの恩義を忘れないように記憶しておく証明書のようなものでした。

たとえば、僕があなたを助けたとします。その場合、助けられたあなたは僕に恩義がある。そこで「感謝の印として貨幣を持っていてください。あなたがこれを持ってきたときに、私は必ず何かの恩返しをします」というように、**お互いの感謝や恩義の証明書のようなものが、お金本来の機能でした。**

今のお金とはまったく意味合いが異なり、恩義を忘れないように書き残しておく「愛を施された記憶の証明書」、それがお金だったのです。

僕は20年ほど前に、100名くらいのボランティアの人を集めて「歩歩《ぽぽ》」というコミュニティ通貨をつくって実験したことがありました。

おもなルールは次の通りです。

1・助けてもらったときなど、愛をもらったときに「歩歩」を支払う
2・「歩歩」を使ってビジネスを行う
3・1人「10万歩歩」を支給
4・1カ月間、やりくりする

「歩歩」の裏側には「何月何日、誰が何のために、どれくらい使ったのか」を書き込めるようになっています。

このシンプルな実験から、お金と人の関わりが見えてきます。

気前がいい人は、どんどん「歩歩」を使うので減る一方ですし、損得勘定で動いている

人は、「歩歩」がどんどん増えていきます。

また、コミュニケーションが苦手な人は「歩歩」が動かず停滞してしまいます。

いちばんいい状態は、たくさんの人と関わりながら、常に10万歩歩前後が手もとにキープされていること。これができる人は、ギブ&テイクのコミュニケーションができる人で、お金を動かすのも上手です。

僕はつい愛を与えてしまうので、「先生、ありがとう」「これ、ありがとう」と、気づけば「歩歩」がどんどん増えてしまいます。ですから、愛するだけでなく、愛される練習をしなければならないことに気づきました。

そこに気づいた僕は〝愛される現場〟を探すために必死です。

「○○さん、会場まで送ってくれる?」
「○○さん、この荷物を持っていってくれる?」
というふうに、いろんな人に「仕事」をつくって「歩歩」を渡しました。

もしこれが本当のお金だと考えてみてください。

1人10万歩歩ずつ10人が持つとすると、このコミュニティに流通する歩歩は、100万歩歩です。

そのなかで、僕が仮に80万歩歩を持ったとしたら、残り9人は20万歩歩で暮らさなければいけないことになります。そう考えると、お金を持つことの責任がとても重大だとわかります。

つまり、**「愛するベクトル」と「愛されるベクトル」を均等に持つことによって、コミュニティは豊かに循環していくのです。**

さらにすごい発見は、「愛される」ことで、「歩歩」をもらえるということです。

多くの人は、「愛されるためにお金を払う」という考え方ですが、愛が巡ると、お金をもらって愛されるようになるのです。

愛を循環させられる人ほど、年収も高い！

「生存」が目的になっている今の社会では、お金は奪い合うものになっていますが、「愛」が目的の社会になれば、「歩歩」のように、お金が豊かに循環し合うように働き出すのです。

実際、「歩歩」の使い方が上手な人は、年収も高いことがわかりました。

「歩歩」のあり方は愛で回していくことですが、それを心がけている人は、実体経済のなかでも愛が機能して、本当にお金が回っていくのです。

経済学者に提案しても、「それは小さなコミュニティだからできたことであって、実体経済はもっと複雑だ」と言うかもしれません。でも地球そのものをコミュニティと考えれば、できないことではないはずです。

愛で成り立つコミュニティになれば、もう損得勘定でお金を学ぶ経済は必要のない時代になるのです。

自分を尊いと思えたら、尊い生き方がはじまる。それが愛の経済学

自分が尊い存在でなければ、人生に尊いものは存在しない――僕は受講生にこう教えています。

これは、自愛の基本です。

自分は尊い存在であるという前提に立って生きることができれば、愛によってお金が循環しはじめます。

たとえば、ご主人と2人で人生の思い出をつくろうと、トライアスロンに出ることを目標にがんばっていたご夫婦がいたとします。ところが、ご主人があるとき急死してしまい、奥さんだけが残されてしまった……。そうなったら、ご主人の形見か何かを持ちながら、ご主人と約束していた夢を叶えたいと思いませんか？

「愛する夫との夢を叶えたい！」。そう思えたら、人は急激に意識がかわりはじめます。これまで適当に選んでいた靴も、足のことを考え、走るのに最適な靴を選ぶでしょう。筋肉をつくり維持するために食生活を見直したり、良質な睡眠を心がけるでしょう。このように、尊いチャレンジがはじまります。

尊いものを持つ人は、生活のあらゆることが尊いものになります。

尊い自分のために、尊いものを与えてあげたいという動機でお金を使うようになるのです。

これが尊いものを持つ人の経済学です。

ところが、自愛がない人は尊いものを持ちません。そもそも自分には何が心地よくて、何に喜びを感じるのかがわからないので、安いほうでいい、おなかがいっぱいになればそれでいい、と適当なものを自分に与え続けているのです。

こうして考えると、志や目的意識を持ち、尊いものを大事にしたいという人の感性は、とても高いと言えます。普通の人と生きる密度が違います。時間の使い方はもちろん、お金の使い方も意味をかえていくのです。

愛を中心とした経済学とは？

もし尊いものを持って一日一日を過ごすことができたら、不安になる必要はあるでしょうか？　今日死んでも、明日死んでもやり残すことはないと言えるほど尊い人生を生きることができたら、死を恐れる必要はあるでしょうか？

しかし、尊いものを持たずに生きていると、60歳までに介護施設に行くときの頭金は絶対に貯めようとか、年金だけでは老後が心配だから預貯金を残しておこうとか、病気になったときのためにお金を貯めておこうなどと、死ぬための準備を生きながらにしているような生き方になってしまいます。

僕は思います。先ほど話した愛する亡き夫のためにもトライアスロン出場の夢を絶対に叶えてみせる、とチャレンジするような生き方をしていれば、病気にもならないのに、と。絶対に完走してみせると思っている人には、絶対にやり遂げる人生しかないのに、と。

けれど実際は、世界中の人たちが不安のなかでゾンビのように生きています。自分のことを感じ切れないので、自分の扱いが雑です。

雑な食生活をし、雑なお金の使い方をして、雑に生きていく。その結果、雑な社会をつくっているのです。

繰り返しますが、お金がないからやりたいことができないわけでも、贅沢できないわけでもありません。

自分という尊い存在が、尊い生き方をするために、毎月100万円が必要と思えば、100万円の月収をもらえる前提の生き方がはじまるのです。そして本当に100万円の月収が手に入るようになるのです。

これが愛を中心とした経済のあり方です。

命、健康、愛よりも大切なものなどない

人類が成し得る事業のなかで、いちばん偉大なものは出産と子育てです。

今私たちがここに生きている意味も含め、命こそが創造の原点であり、愛の結晶だからです。

そういう視点で考えると、「命」「健康」「愛」。これらは何ものにもかえられないもっとも大切なもの。これより大事なことがあるわけがないのです。

「命」「健康」「愛」を最高の価値として生きれば、稼ぐことに必死になる人生にはなりません。

しかし、実際にはお金以上のものはないと思っているので、その結果、もっとも大切な「命」「健康」「愛」を失ってしまうのです。

アップル社の創業者、故スティーブ・ジョブズ氏が亡くなる前に遺《のこ》したとされる言葉には、「命」「健康」「愛」の大切さが伝えられています。要約して紹介しましょう。

＝＝＝＝＝＝＝＝＝＝＝＝＝＝＝＝＝＝＝＝＝＝＝＝＝＝＝＝＝

私は、ビジネスの世界で成功の頂点に君臨した。他の人の目には、私の人生は成功の典型的な縮図に見えるだろう。しかし、仕事を除くと、喜びが少ない人生だった。人生の終わりには、富など私が積み上げてきた人生の単なる事実でしかない。

今やっと理解したことがある。

人生において十分にやっていけるだけの富を積み上げたあとは、富とは関係のないほかのことを追い求めたほうがいい。もっと大切な何かほかのこと。

それは、人間関係や芸術や、また若い頃からの夢かもしれない。

終わりを知らない富の追求は、人を歪ませてしまう。私のようにね。

神は、誰の心のなかにも、富によってもたらされた幻想ではなく、愛を感じさせるための「感覚」というものを与えてくださった。

私が勝ち得た富は、私が死ぬときに一緒に持っていけるものではない。私が持っていけるものは、愛情にあふれた思い出だけだ。

これこそが本当の豊かさであり、あなたとずっと一緒にいてくれるもの、あなたに力を与えてくれるもの、あなたの道を照らしてくれるものだ。

愛は何千マイルも越えて旅をする。人生には限界はない。行きたいところに行きなさい。望むところまで高峰を登りなさい。すべてはあなたの心の中にある。すべてはあなたの手の中にあるのだから。

世の中で、一番犠牲を払うことになる〝ベッド〟は何か知っているかい？　病床だよ。あなたのために、ドライバーを誰か雇うこともできる。お金をつくってもらうこともできる。けれど、あなたのかわりに病気になってくれる人は見つけることはできない。

物質的な物はなくなっても、また見つけられる。しかし1つだけ、なくなってしまっては再度見つけられないものがある。

人生だよ。命だよ。

手術室に入るとき、その病人は、まだ読み終えていない本が1冊あったことに気づく。

健康な生活を送る本。

あなたの人生がどんなステージにあったとしても、誰もがいつか、人生の幕を閉じる日がやってくる。あなたの家族のために愛情を大切にしてください。あなたのパートナーのために、あなたの友人のために。

そして、自分を丁寧に扱ってあげてください。ほかの人を大切にしてください。

＝＝＝＝＝＝＝＝＝＝＝＝＝＝＝＝＝＝＝＝＝＝＝＝＝＝

命、健康、愛以上に大切なものは、この世にない

この言葉は、**どれほどの莫大な資産を手にしても、命と健康、愛はお金で買うことができない**と教えてくれています。

繰り返しますが、私たち人間が大切にすべきものは「命」「健康」「愛」です。これよりも大事なものはありません。

お金は、「命」「健康」「愛」の下にあるもので、いちばんの価値ではないのです。

そこを履き違えていると、体調を崩したり、リストラにあったり、事故に巻き込まれたりなど、立ち止まって考えさせられることが起こるのです。

でもそれは、「愛に生きなさい」という神様のはからいです。

愛を知るために神様がくれたチャンスです。

人生はそう長くありません。人は寿命がくれば、必ず死にます。

「そうか、では愛に生きよう。でもその前に、もう少し稼がないと……」などとお金最優先の生き方をしていると、結婚、マイホーム、養育費、病気、介護……と次々にお金の必要に迫られることが起こり、人生が終わっていきます。


気づいたら、今すぐ愛に生きてください。

自分に優しく、尊い生き方をしてください。

愛に生きれば、豊かさもそれに比例して巡ってくるようになるのですから。

お金に価値を置く限り、自分を生きることはできない

多くの人は死ぬ間際になって、お金よりも「命」「健康」「愛」が大切なことに気づきます。でも逆に言うと、死ぬ間際までそれに気づかず、お金を最優先に生きてしまいます。

いったい、人はなぜこれほどまでにお金に執着してしまうのでしょうか？

それは間違いなく、世界中の人が「お金の価値」を認知しているからです。認知するから価値があるのです。

たとえば、大量生産されているグラスにはあまり価値がないけれど、高度な技術で知られているブランド「バカラ」のグラスは高価です。それは、バカラのグラスは素晴らしいと誰もが認知しているので価値があるのです。

ちっぽけな石なのに、ダイヤモンドも高価です。年収が消えるほどの値段でも買い求め

る人がいるのは、誰もがダイヤモンドに価値を認めているから。

でももし、世界中が破産宣告をして、今日からダイヤモンドはただの石になったとしたらどうでしょうか。

ダイヤモンドに価値がなくなるので、誰もほしがらなくなります。

こんなふうに、物の価値というものは、誰がいつ、どう評価するかによって、一瞬でかわってしまうものです。

それなのに、お金の価値だけは、永久にかわらないとでも思っているかのように、人はお金に執着します。


では、**なぜそこまでお金に価値を置くのかというと、愛がないからです。**

第2章でも話したように、愛を知らないと、承認欲、支配欲、所有欲などの「関係性」で世の中を見るようになります。そしてお金こそがそれらを満たしてくれるものと思い込むようになるからです。

その結果、愛より、お金が大事。そう思っているから、みんながお金に価値を置くのです。

もし、お金よりも愛が大事と思えたら、お金の価値は一気に下がります。お金に執着する必要がないからです。

それを現実にするのは、自愛です。

自分を大切にしたい、自分に優しくいたい、自分の本音に忠実でありたい、自分を生きたい、自分を幸せにしたい……。そんな自愛があれば人にもお金にも振り回されることなく、豊かな心で生きていけるのです。

タダほど学ばないものはない

一方で、人はお金に執着があるからこそ、値段の高いものに価値を置きます。

たとえば、ダイエットをするとき、安いダイエット法なら、効果がなくても仕方ないと思って本気にならなくても、高いお金を払ってダイエットをしたなら痩せないわけにはいきません。本気になるから効果が出るのです。

洋服だって1着1000円の服は洗濯機に入れて毎日洗っても、10万円の服はクリーニングに出して丁寧に扱いますよね。

つまり、高いからこそ大切にするのです。

大切なものに投資することで、大事に丁寧に扱うことができるのです。

ということは、高いお金を払ってでも大切なものに囲まれていたほうがいいのではないでしょうか。


僕は20代の頃からカウンセリングやセミナーをはじめ、当時はすべて無料でやっていました。その頃の僕は、「地球上の人間、一人残らず愛に目覚めさせてみせる!」と真剣に思っていたのです。

ところが、どれだけ丁寧に面倒をみても、タダで集まったお客さんたちは、悩みがなんとなく解決すると、僕のもとから去っていきました。

僕がどんなに愛に生きる大切さを伝えても、どうせタダだからと真剣に受け取ってもらえないのです。

だから、本気で人生をかえたいと思う人だけに伝えよう、と決めました。

そのために少々高い値段でも、僕の話に価値を感じて通ってくれる人たちを集めることにしたのです。

お金に執着している間は、値段の高いものを手に入れて、自分を丁寧に扱う感覚を養うレッスンが大切です。

自分にいいものを与えていくと、いつしかお金に対する執着が取れて、値段の高い安いに関係なく、価値を感じるものに投資できる自分になれるのです。

小さなお金の価値を知る人は、大きな価値を生み出せる

僕は20〜30代の頃、年収がいくらあっても、家族には300万円以上は使わず、残りは全部、寄付をしていました。

そんな様子を見たおふくろは、僕の顔を見るたび、「あんたは家族に貧乏をさせて、社会には投資する。本当にろくでなしだ」と言っていました。

一般的に見ればそうかもしれません。

でもその当時、僕は家族に300万円以上は入れないと決めていました。

なぜその金額かというと、300万円という金額は1年間生活をするのに無駄遣いできないギリギリのラインだからです。

お金に余裕がないので、何でもお金で解決しようとせず、努力したり智恵をつけて解決

する方法が学べる金額なのです。

僕は、豊かになることは素晴らしいと思っていますが、お金の価値を知らずに最初から有り余るほどのお金を持つのは問題だと思っています。

この世の中は、お金があれば学ばずにすんでしまうことがたくさんあります。でも、それでは生きる力は身につきません。ですから、お金とは何かを学ぶためにも、家族にはまず300万円でやりくりをさせていました。

300万円の価値がちゃんと理解できたら、その後は500万円に。500万円で十分学んだら800万円に。800万円で十分学んだら1000万円に……というように価値を学んでこそ、有意義にお金を循環させられるようになるのです。

「1時間650円。これが今のお母さんの経済力です」

あるとき、子どもたちが僕のいないところで妻に「あれ買って！　これ買って！」と、いとも簡単に物を買ってもらおうとしていたので、僕はお金の価値を学ばせようとしました。

小学生だった子どもたち４人を呼んで、僕も加わり１時間の正座をしたのです。15分も経つと、子どもたちはもぞもぞしはじめました。30分も経つと足がしびれて半べそ状態。それでも１時間我慢をさせると、もう誰の足も瀕死《ひんし》の状態です。

そのとき僕は財布から650円を出して、こう言いました。

「今、１時間正座をしましたね。お母さんが精一杯働いてもらえる時給は６５０円。さて、１時間は短いですか？」

すると、子どもたち全員が声をそろえて「めっちゃ長〜い」と言いました。

僕はさらにこう続けました。

「１時間で稼げるのが６５０円。それが今のお母さんの経済力なんです。君たちは１０００円の物を買ってくれと簡単に言うけれど、１０００円の重みがわかる？」

こんなふうにして、何百円、何千円という価値を子どもたちに感じさせることで学習させていったのです。

いくらお金があるからといって、家族に贅沢三昧な生活をさせていては、本当のお金の価値を知らずに生きてしまいます。

「1円を笑う者は1円に泣く」といわれるように、**小さなお金を大切にできない人は、大きなお金も大切にすることはできません。**

しかし、小さなお金の価値を知っている人は、どんどん収入が増えていきます。最初は安い給料でも、そのありがたさを知っている人は、社会のなかで信用を積み重ね、それが収入に反映されていくからです。

何年もの経験が信用と絆にかわり、それがその人の経済力になるのです。

闇を消そうとするよりも、自分が光になりなさい

愛を生き、自分を生きるために価値を転換しようとしたとき、競争社会にいる私たちは、必ずといっていいほど、政治、教育、経済など現実の仕組みへの不満や批判を抱きます。

しかし、批判をするとその低い波動のなかで闘うことになり、自分も低い波動に染まってしまうことに気づかなければなりません。

そもそも地球は神様が愛を体験するためにつくったアトラクションの星です。宇宙のなかでもひときわ振動数の低い3次元という〝レアものの波動〟でつくられた星であり、悲しみ、憎しみ、寂しさなどが体験できるという、超強烈な遊び場が地球です。

愛しかない宇宙から見れば、地球は魅力の塊です（笑）。

宝くじの一等賞はめったに当たらないからこそ、当たったら嬉しいわけです。

それと同じで、どんなに探しても見つからず、究極の孤独や不安、恐怖を経験し、やっとの思いで愛を発見できるからこそ、最高の幸せを感じるのです。そうでないと、愛を感じるプロセスを経験できません。

みんなわざわざ神様だったことを忘れて、貧しい心になることからスタートし、さまざまな経験を通して愛が完成していくという、究極のゲームを体験中なのです。

そもそもこの地球は、いい悪いがある相対性の世界です。愛の世界には、いい悪いがありません。

愛でないものも含むのが愛であって、愛でないものを拒むなら、愛はその本質を失ってしまいます。

そう考えると、批判をするということ自体が愛ではないのです。

自分が光であり、愛だと知れば、人生に不安はなくなる

愛が光、愛でないものを闇とすると、僕は一瞬で闇を消す方法を知っています。

それは、自分が光になること。闇のなかで闇を切っても闇はなくなりませんが、自分が

光になれば、闇は一瞬で消すことができます。闇は光のなかで存在することができないからです。だから、自分が光になれば、闇を退治する必要がないのです。

たったこれだけで、闇を消すことができます。

つまり、**自分が光ることができれば、もう不安対策をする必要もないのです。**

自分が光になるとは、すなわち自分は神様、愛であると気づくことです。

神様は愛のバイブレーションを持つ存在。まさに愛であり、光そのものです。

自分が神様であることを思い出して、神様のように生きれば、闇も自分の一部だとわかります。闇を理解するからこそ、闇に関心を持たなくなるのです。

こうして、どんなときも愛に意識を向ける。それが、この世界の価値の基準を愛にかえていくことにつながるのです。

自由に生きる人は、自分に関わる人や物、お金の機能を最大限に発揮できる

ここまで読んでいただけたら、僕の話はすべて愛に行き着くことがわかったと思います。

お金、健康、人間関係、パートナーシップ……どんなジャンルにおいても、幸せになるために共通するのは、愛です。

なぜなら、愛は人間の本質だから。

人間の本質である愛が正常に機能していれば、すべてがうまく回って当たり前なのです。

愛とはぬくもりです。

夜になると明るいライトに虫が集まるように、愛があるところに人もお金も健康もすべてが集う、まさに温かいヒーターのようなものです。

ところが、「いやいや、人生、愛じゃないよ。金だよ」と思っている人は、ぬくもりを与えても感じられません。ぬくもりはそこにあるのに、見ることも、感じることもできないのです。

「このぬくもりこそ愛だ」とわかるのは、いろいろな経験と失敗をしてこそです。

たとえば、たくさん恋愛をする人よりも、一人の人と長くつき合い結婚に至る人のほうが、ひたむきで一途《いちず》なイメージがありますが、10年経って「なんでこの人と結婚したんだろう」と思ったなら、この女性は一途だったのではありません。ただの無知と言えます。

本当の一途というのは、この男と失敗した、あの男とも合わなかった……とたくさんの男性を知ったうえで、「この男ほど素敵な人はいない」という人に巡り合って好きになることです。

つまり、**多様性を通してしか、「一途」は生まれないようになっているのです。**

愛もそれと同じで、**つらい出来事や、どん底になるほど落ち込むときをたくさん経験して、失敗を重ねたからこそ、これが本当のぬくもりだとわかるのです。**

本当のぬくもりを知ったら、もう人はそこから離れられなくなるのです。

そう考えると、**自由のなかにしか「愛」は生まれません。**

「好きなことをしなさい」というのが愛です。「あれをしちゃダメ」「これはよくない」と制限をつけるのは、愛ではないのです。

自由は、すべてを伸びやかに力を発揮させる

僕は20歳で結婚しましたが、そのとき妻にこう言いました。

「自分以外の男に惚れたら、迷わず進め」

僕よりいい男なら、絶対そっちがいいに決まっているからです。

結婚したからといって、相手は所有物ではありません。その人の幸せを祈るなら、その人がいちばん幸せになる道を選択させてあげることが、愛する人にすべきことではないでしょうか。


これをそのままお金に置きかえてみましょう。

お金が、あなたの恋人だと思ってください。

もし、あなたがお金を自分のもとから離すことなく囲い込んでいるとしたら、お金は窮屈でたまらなくなって「自由にさせて!!」と叫ぶでしょう。

だけど、「さぁ、行っておいで」と自分のもとから手放して自由にさせてあげたら、お金は「あなたのもとにいたいから、帰ってきちゃった♡」と戻ってくるのです。

なぜそう言えるのかというと、**「自由」という世界観こそが、人もお金も関わるものすべてを最大限に、伸びやかに力を発揮させてくれるからです。**

僕が言う「自由」という言葉の意味は、時間が自由になるとか、やりたいことができるというレベルではありません。

自分がどこにいても、誰といても、どんな状況でも「大丈夫」と思える自分になることです。

それが本当の自由です。

自由という言葉は、「自分自身に由来する」という意味からきています。

つまり、**自分であるがゆえに自由だということ。**

言葉がそのままの答えです。

僕がなぜ自由なのかというと、僕はどこにいても、僕だからです。僕は誰といても、どこにいても、どんな状況でも、僕以外を生きられない。何にも制限されないから自由なのです。

自由でいられると、関わる人や物、すべてに自由を与えることができます。

所有という観念がなくなるとともに、自分に関わる人も物もすべてが尊いものと思えるので、その人らしく、自然体のままでいてほしい、それが自分にとっての幸せだと思えるようになるからです。


豊かになりたいなら、まずは自分を自由にすること。

するとお金も自由になり、「あなたのところがいちばん居心地いい〜」と戻ってきてくれるようになるのです。

命をバカにするな。無力な人など、世の中にいない

恵まれないかわいそうな人たちや、次元が低い人たちを救うために、自分が救世主になる……こんな動機で何かをしている人がいるとすれば、命をバカにし過ぎです。

なぜなら、相手の命を弱いとみなしているからです。そうでなければ、「救う」とか「助ける」という発想にはなりません。

命に強いも弱いも、上も下もありません。魂はどんな人も平等です。

なぜなら、**命は「別々」ではなく、「ひとつ」だからです。**

魂の唯一の望みは「あなたがあなたでいること」です。

つまり、自分が自分らしくいることで、相手は幸せになるようになっているということ。

相手がその人らしくいることで、自分も幸せになるようになっているということです。

こんなふうに、誰もが「あるがまま」でいることで満たされていくのが、命の仕組みです。助けられる必要もなく、魂は成立しているのであり、命はすべて立派なのです。

無力の人に力を貸さなければいけない、助けなければいけないという救世主的発想はうぬぼれです。

こういう発想をする人は、自愛がないので自分を信じられず、だから相手の力も信じることができないのです。

人は本来みな素晴らしい本質を内在しているのです。

あなたは、あなたが思う以上に素晴らしいと気づいて

「先生は特別な人だから、そういう生き方ができるんでしょ」と言う人もいますが、そんなはずはありません。

誰もが神様の子で、僕と同じ力を持っているのです。ただ今はそれを忘れて、自分のことがわからなくなっているだけ。

そういう人が自分を取り戻すために、僕は自愛を説いているのです。

自愛があれば、自分でいることが心地いいので、常にご機嫌です。尊く生きようと思うので、幸せと豊かさだけが巡るようになり、世の中に不幸は見当たらなくなります。

自分があるがままでいるように、相手にもあるがままでいてほしいと思えるようになります。そこには上下関係など存在しません。

僕は、それぞれの人の魂の本質が見えるので、生徒さんたちに「あなたが知っているあなたよりも、僕が思うあなたのほうが、はるかに素晴らしい」と話します。

みなさんの考え得る最高レベルは、まだまだ低い。

神様の子である人間は、はかりしれない可能性を持っていることに早く気づいてください。

そのためにも、自分の可能性に先入観を持たずに生きる。自分の評価を決めつけなければ、豊かさを巡らせ、命を目いっぱい輝かせて生きることができるのです。

僕たちに明日はない。その思いで生きる

お金の本を読むはずが、なぜか自分と向き合わされることになったあなた（笑）。本当の自分がわかってきましたか？

自分と向き合うと、〝しょうもない自分〟を認めざるを得なくなります。

「もう本当にこんな自分が嫌になった！　どうすれば直りますか？」

そう質問をしてくる人もいます。でもこの質問は「どうにかしないと直らない」という思いが前提です。ということは、直りません。

僕の生徒さんに「タバコをやめたいんですけど、どうしたらいいでしょうか？」と10年くらい言い続けている人がいます。

この話はセミナーでネタになっているくらいなのですが、「タバコをやめたい」と本気で思っていたら、10年もタバコを吸い続けているでしょうか？

僕にはやめようと思っていないから、吸い続けているとしか思えません。

やめたいと本気で思ったら、タバコを見るのも嫌なくらい、頭に浮かばなくなっているはずです。

たとえば、「顔を見るのも嫌で別れた彼のことを、どうすれば忘れられますか？」と質問してくる人はいませんよね？

一緒にいるのが苦痛で振ったのであれば、別れたらスッキリするじゃないですか。

それと同じで、タバコをやめたいと思ったらもう吸わないし、自分に嫌気がさしたら、もうそんな自分は繰り返さないものです。

本気でそう思っていない。それがすべてです。

自分の生き方にケリをつけるのは、いつ？

では、どうしてそこまで本気になれないのかというと、みんな明日があると思っているからです。

たとえば、「あと1時間で地球が滅亡します。何をしますか?」と言われたら、あなたはどうしますか?

お母さんに電話をして「今までのことはごめんなさい」と謝る? それとも大好きな人に「好きです!」と告白して気持ちを伝える?

この1時間でやりたいと思ったこと、それがあなたが本当にやりたいことです。

なのに、それを先延ばしするのはなぜか?

それは明日があると思っているからです。

今日しかないと思って、やりたいことをやる。

これがとっても大切で、これが「今を生きる」ということです。

もし、今までの生き方にケリをつけて、新しく生まれかわりたいと思えば、そうなります。それだけで、すべては叶うのです。

命を生かすも殺すも、あなたが何に価値を置いているかで決まる

僕のところには、病気で悩んでいる人たちもたくさんやってきます。なかでも多いのは、ありとあらゆる治療をして、医者にも見放され、もう手の施しようがなくなった八方ふさがりのがん患者です。

彼らは深刻な顔で「がんなんです」と言うので、僕は「ガーーーン」と言います。

これ、冗談で言っているわけではありません。その人がどんなふうに今の状況をとらえているのか、どんな前提を持っているのかをはかっているのです。

たいていの人は怪訝《けげん》な顔をしますが、なかには「ぷぷ……」と笑う人もいる。ここで笑える人は、治る方向に傾きます。

なぜなら、笑えない人は、もう死ぬつもりでいるからです。そういう人は僕が何を言っ

ても「どうせ無理だろう」と聞き入れず、がんを持ち続けると決まっているのです。

ある日、一人の女性が末期の乳がんと診断され、どうにかしてほしいと相談にやってきました。病院にも見放され、民間療法をやってみたけれど効果がなく、藁《わら》にもすがる思いで僕のところにきたのです。

僕はすぐにこう言いました。

「カウンセリングは前金なんですけど、100万円になります」

すると彼女は「100万円？」と言って、そんな高いお金は支払えないという顔をしました。

「入退院を繰り返しながら通院したりしていて、500万円あった貯金も治療費に費やしてしまいました。残っているのは通院に使っている車くらいです」と言います。

そこで僕は「車の中古屋さんに知り合いがいるから電話してあげるよ。車を売って100万円つくりなさい。そしたら、すぐに治る方法を教えよう。そうじゃなかったら、がんはあきらめてくれ」と言いました。

すると、彼女が必死の形相で「車を売ります！」と言うので、僕は携帯で知り合いに電話をして話をつけました。

「100万円でかたがついた。車はあとで取りにくるから置いていって、今日はバスで帰りなさい」と言いました。

彼女はもう何を言われても仕方ないという顔で「はい」と従いました。

「じゃあ、約束通り、がんの治し方を教えよう。何もするな。勝手に消えるから」

「????」

彼女は言葉も出せず、「詐欺にあったのだろうか?」という顔をしています。

「……って言ったら、びっくりする?」

僕に翻弄《ほんろう》された彼女は「もうどうにでもなれ」と笑えてきました。そして彼女の心に「この人の言うことを聞いてみようかな。私、助かるかもしれない。治るかもしれない」という希望が湧きはじめたのです。

がんなんて治るわけないと思っている人に、いくら治る方法を教えても、聴こえるわけがないのです。

命の値段に高い安いはあるのか？

さて、がんを治すのに１００万円って高いと思いますか？　便秘の相談ではありません。余命半年か、それとも今後何十年も生きられるか、それくらい大きな命の相談です。でも、お金を単に高い安いで判断している人には「金城先生、また金の話だ。すべては愛だなんて言ってるけど、先立つものはやっぱり金なんだ」と聞こえます。

僕がなぜお金の話をするのかというと、「お金＝愛」だからです。

自分に愛を向けるなら、自分のためにお金を積んでください、と言っているのです。繰り返しますが、自分の命を救うのに１００万円は高いことでしょうか？

心が貧しい人は「高い値段」と聞こえますが、心が豊かな人は、それがどんな値段のものであっても、「価値が高い」とわかります。

自分の命以上に大切なものはないからです。

ムダがあるから人生は尊くなる

「なんでこんなに貧乏なんだろう。生きているのがつらい」「病気になってしまい、もう人生絶望的だ」……。こんなふうにつらい状況に陥ると、人は人生を諦めがちになります。

でも、貧乏のおかげでお金のありがたさに気づいたり、病気がきっかけで健康のありがたさを知るというように、物ごとはすべて逆の価値を生むようになっています。

生きていれば不調なときや好調なとき、絶不調なときや絶好調なときなど、いろいろなときがあります。

要するに、**人生の途中でいい人生だの、悪い人生だのと結論をつけるべきではないのです。**

僕の生徒さんに、夫がいつも不機嫌な態度で、夫婦仲が10年以上も前から冷えきってい る女性がいます。彼女は子どもがいるから離婚できないと悩んでいました。

しかし、僕のセミナーを受け、自愛が育ってくると、「自分を大事にしない生き方は二度としたくない」という思いが強くなり、自分は何を望んでいて、どうしたいのかという本音に気づきはじめました。

すると、夫は不機嫌をまき散らす〝空気汚染機〟だったという現実が見えはじめてきたのです。そして、これまで二の足を踏んでいた離婚にすんなりと進むことができました。

彼女は自分自身に「自分を粗末に扱わない。自分にウソをつかない。絶対に自分を生きてみせる」という宣言をし、今では毎日を楽しく暮らしています。

そのような今があるのは、長い結婚生活のなかで、どうにもならない人生を半ばあきらめた時期があったからです。

20代、30代というういい時期を、暗い結婚生活に費やしたことは一見、ムダに映るかもしれません。でもこの**ムダがあるからこそ、今の幸せが尊いと思えるのです。**

この気づきが尊い。だからこそ、自分を生きようとするパワーも強いのです。

しかし、この時期が中途半端だと、自分を生きようとするパワーも中途半端になってしまいます。

苦しい体験をした時期が長ければ長いほど、深ければ深いほど、自分に向けたパワーは確信に変わるのです。

そう考えると、今貧乏でも、今病気でも、長い目で見ればそのスパイスがあるからこそ、味わいが出てくるものです。

ムダなものなんて何ひとつありません。人生は全部がハーモニーであり、バランスが取れているのです。

人生は帳尻が合うようにできている

人生に幸も不幸もありません。人生を通してみると、すべて帳尻が合うように、自分の思った通りの人生を歩むようになっているのです。

だからこそ、幸せになりたい、豊かになりたいと思うのであれば、愛に沿った生き方が必要です。

常識にとらわれ、相手のせいや社会のせいにして生き、自分を粗末に扱うような生き方を続けた挙げ句に病気になって死ぬのなら、何のために生きてきたのでしょうか？

人間の命は愛を知るためにあり、大いなるものによって生かされているのです。それなのに、その命を輝かせることなく一生を終えるのであれば、これこそ本当のムダです。

僕は自分の両親が亡くなったとき、正直、なるべくしてなった早死にだと思いました。そう言うと、みんなは「縁起でもない。なんて薄情なことを……」と眉をひそめるのですが、僕にしてみれば、自分に誠実に向き合うことも、命に感謝することもなく、自分の不幸を周りのせいにして死んでいった親のほうが、縁起でもない生き方をしていたと言えます。

お金に限らず、人生とは「感謝」がわかるかわからないかで、天地の差が生じます。

感謝とは、何が起ころうと、神様のはからいのもと生かされている幸せを感じられることです。

感謝の波長はとても高いので、感謝がわかると、波長のいいものばかりが引き寄せられて、人生が好転していくのです。

経済的な豊かさはもちろん、対人関係もどんどん豊かになっていきます。

ご飯をつくってくれた、ドアを開けてくれた、優しい言葉をかけてくれた、今日一日身体が元気に動いてくれた……とすべてのことに対してありがたみを感じるようになります。

感謝がベースになっている人は、100%幸せな人生になると「愛の法則」で決まっているのです。

自分と向き合い、襟《えり》を正して感謝のもと生きるのであれば、今不幸に思えても必ず挽回《ばんかい》するときがきます。感謝をベースに生きる人には、豊かになる可能性が無限に広がっているのですから。

だから、まずは自分に正直に生きる。

そして、今はすべてが途中。今を見て判断するのではなく、80歳になったときどんな結末を迎えるのか、楽しみにしていてください。

日本人が目覚めれば、世界の価値観はかわる

東日本大震災が起こったとき、日本人は最悪な状況にもかかわらず、女性や子どもを優先させて長い列をつくって配給を待ちました。怒鳴り合いも喧嘩もなく、秩序正しく行動したその姿を、世界中が賞賛しました。

ほかの国であれば、とっくに略奪やレイプなどが起こってもおかしくない状況なのに、自己中心的な行動を取らずに、常に相手を気遣うその高い精神性に、「日本人のマナーは世界一」と驚きの声をあげたのです。

これは、決して偶然ではありません。

それぞれの国には、それぞれの役割がありますが、**日本という国は、新しい価値観を創**

造して、生まれかわるための地球のリーダーとしての責任が与えられているのです。

誰にも教わらないのに、謙虚さや人としてのあり方がわかるのは、日本人のDNAに、すでにその情報が組み込まれているからです。

だからこそ、日本人が目覚めることで、世界がかわるのです。

自分を小さく見積もるな

日本人が多くの自然災害に遭《あ》ったり、2人に1人ががんになるような時代になっているのは、**日本人に対して今までの価値観ではもう立ち行かなくなることに早く目覚めなさいというサインです。**

末期がんになっても、これまでの自分の価値観を見直し、食生活を見直していくことで治る人もいますよね。それは、がんになり苦しんだからこそ気づけた結果です。

どん底まで落ちて「なんとかしたい！」というモチベーションが上がったときに、人生は180度かわるのです。

そう考えると、日本人が自分たちの持つ高い精神性を自覚するまで、今は苦しむ時期ともいえます。

世の中の常識や固定観念に惑わされず、私たちはもっと自分たちの感性を大事にして生きるべきです。


日常にある小さな愛の種を大事に育てる。そういう生き方をしてください。

人間は猿から進化したのではありません。神様の子です。

この本では、みなさんのことを神様といっていますが、それを愛にかえてみてください。みなさんは、愛なのです。

自分を小さく見積もらず、もっと大志に目覚めてください。みなさんの意識がそこに向かうとき、世界は愛の流れに進んでいくのです。

愛でメシが食えるために
第4章◉まとめ

◎自分の本質を知ると、愛のバイブレーションを受けて豊かさが回りはじめる

◎愛を循環できる人は、お金を循環できる

◎命、健康、愛より尊いものはないことを知る

◎自由に生きる人は、人や物、お金の機能を最大限に発揮させることができる

◎誰の人生もムダなことはなく、すべて帳尻が合うようにできている

エピローグ

この本は、「人類の鳥居」となる一冊です。

なぜ鳥居なのか？

東日本大震災が起こったとき、津波によってあらゆる地表のものが流されていくなか、多くの神社で鳥居だけが残るという不思議な現象が起きました。瓦礫《がれき》のなかにぽつんと立ちつくす鳥居の姿が、あちらこちらで目撃されたのです。

神社の拝殿や本殿が流されても、鳥居だけは流されない。

その謎はいまだに解明されていませんが、この本は、まさに鳥居のように、時代に翻弄《ほんろう》されることなく残り続ける本物の経済学を記したものです。

このままいけば、現代の行き詰まった市場経済は、近い将来崩壊することは確実です。人類はすべての財産を失い、再出発しなければいけなくなるでしょう。

そのとき、二度と同じ過ちを繰り返さないためにも、愛に目覚める必要があります。愛に基づいた経済こそ、本当の豊かさを享受できるからです。

もう、貧乏人をお金持ちにする方法や、楽してお金儲けをする方法を語っている場合ではありません。宇宙の真理と法則が、幸せや豊かさとどう関係しているのか。そんな本質的な議論が必要な時代なのです。

そういう意味でも、この本は今までにない、本当の「次元改革」をする新しい経済学の本になったと思います。

ここで「リトリート」という言葉について、少し話したいと思います。

リトリートとは、一般的には心身をリフレッシュしたり、自然のなかで自分を解放してリラックスしたりという意味で用いられていますが、本当のことを言うと、すべての贅《ぜい》の極みを得た人が、最終的に行き着く贅を体現することを指しています。

感謝にあふれる毎日で、あまりにも感謝が絶えずに思わず「もうこの感謝、どうしてくれるの？」と言ってしまうほど幸せな人が、その幸せのバイブレーションを自分以外の人に移し、さらに愛や感謝を増幅させていく幸せの極み。それが真のリトリートです。

なぜこの話をしたのかというと、円隣株式会社で、このリトリートの境地を味わえる空間づくりをしていこうと思っているからです。

感謝に絶えない境地を味わえる空間と場所——。これを、愛からかけ離れ、生存が生きる目的にすりかわっている現代で見つけることは難しいでしょう。

しかし、この本を通して提案した豊かさは、そのリトリートさえも超越した本当の命の豊かさを感じられる内容になっています。

経済のことを中心に書いていますが、「人間の究極の豊かさ」を示す最終結論として位置づけていると言っても過言ではありません。

この本のタイトルでもある「愛でメシが食えるかって？　愛でこそ食えるんだよ」という言葉の通り、愛が循環する社会になれば、本当の豊かさが回り出します。その愛の波動は地球を光で包み、生きている幸せを感じられる愛の星にかわるはずです。

そんな社会に移行する時代は必ずやってきます。そのときに、この本がみなさんの愛と幸せのバイブルになってくれることを祈っています。

２０１８年2月20日

沖縄より　金城幸政

金城幸政　きんじょう ゆきまさ

沖縄県那覇市生まれ。円隣株式会社代表取締役、LIFE VISION 株式会社代表取締役。講演家、作家、カウンセラー。

沖縄を拠点に全国の学校や企業、自治体のほか、スポーツ選手やビジネスマン、主婦など世代や職業、性別を超えたあらゆる人たちに向けて、生まれてきた意味と、生きることの素晴らしさを伝えている。社会の仕組み、人間の仕組み、宇宙の仕組みをわかりやすく、ユーモアたっぷりに語るその内容にリピーターが続出。全国に熱狂的なファンを持つ。「愛でこそメシが食える」という根源的なテーマは、これまでに教育、医療、経営など様々な場で、指導者をはじめ多くの聴講者の意識改革を促す。さらに人間の本質である「愛」に対する深い視点に、心理カウンセラーやセラピスト、スピリチュアルカウンセラーなどが真実を求めて集まっている。東京・神奈川・沖縄で定期開催されている「人間学講座」「親力プログラム」は常に満席の人気講座。著書『あなたのなかのやんちゃな神さまとつきあう法』『あなたのなかのやんちゃな感情とつきあう法』（ともにサンマーク出版）はベストセラーに。趣味はゴルフ。1男3女の父親でもある。

ブックデザイン：ツカダデザイン
カバー写真：宇佐美雅浩
イラスト：高田真弓
編集協力：RIKA（チア・アップ）
編集担当：真野はるみ（廣済堂出版）

愛でメシが食えるかって？
愛でこそ食えるんだよ
人生を幸せに導く 次元を超える経済学

2018年3月29日　第1版第1刷

著　者　**金城幸政**
発行者　**後藤高志**
発行所　**株式会社 廣済堂出版**
〒101-0052　東京都千代田区神田小川町2-3-13　M&Cビル7F
電話 03-6703-0964（編集）
03-6703-0962（販売）
FAX 03-6703-0963（販売）
振　替　00180-0-164137
URL　http://www.kosaido-pub.co.jp
印刷・製本　**株式会社 廣済堂**
ISBN 978-4-331-52154-0 C0095